全国高等院校医学实验教学规划教材

医用化学实验

第 2 版

主　编　李华侃　于秋泓
副主编　冯　宇　刘佳川　张晓枫　周西斌
编　者　（按姓氏笔画排序）

于丽丽　于秋泓　王　朋　王冠男　付纯刚
冯　宇　庄鹏飞　刘佳川　李　丹　李华侃
杨殿深　张晓枫　陈震华　岳京立　周西斌
赵　杰　赵延清　贾云宏　蔡　东

科学出版社

北　京

内容简介

全书分为基础化学实验和有机化学实验两部分，每个实验按照实验目的、实验原理、实验仪器与试剂、实验步骤、实验结果与数据处理、注意事项、思考题等顺序编写。为了便于查阅，将典型仪器的原理与正确使用方法及应注意的问题以附录形式加在相关实验后面。第一篇为基础化学实验，根据教学实际情况设置了25个实验，包括混合物提纯、常见无机化合物制备、酸碱滴定、氧化还原滴定、配位滴定、仪器分析等内容。第二篇为有机化学实验，共26个实验，涵盖了基本操作及物理常数测定、有机化合物的性质、有机合成和天然产物中有效成分的提取等内容。本书具有系统性、完整性和实用性。

本书可供临床医学、卫生、口腔、护理、影像和生物医学等专业本科生、研究生教学使用。

图书在版编目（CIP）数据

医用化学实验 / 李华侃，于秋泓主编.—2版.—北京：科学出版社，2017.8
全国高等院校医学实验教学规划教材
ISBN 978-7-03-054059-1

Ⅰ.①医⋯ Ⅱ.①李⋯ ②于⋯ Ⅲ.①医用化学-化学实验-医学院校-教材
Ⅳ.①R313-33

中国版本图书馆CIP数据核字(2017)第185462号

责任编辑：朱 华 / 责任校对：郭瑞芝
责任印制：赵 博 / 封面设计：范 唯

版权所有，违者必究。未经本社许可，数字图书馆不得使用

科学出版社 出版
北京东黄城根北街16号
邮政编码：100717
http://www.sciencep.com

石家庄继文印刷有限公司 印刷
科学出版社发行 各地新华书店经销
＊

2011年8月第 一 版　开本：787×1092 1/16
2017年8月第 二 版　印张：9 1/4
2021年8月第十二次印刷　字数：206 000
定价：**32.00元**
（如有印装质量问题，我社负责调换）

全国高等院校医学实验教学规划教材（第2版）
总编委会

主　任　　曲　巍

副主任　　崔洪雨　肖建英　王爱梅　温有锋
　　　　　　贾云宏　徐　军　万义增

委　员　　（按姓氏笔画排序）
　　　　　　于　利　于秋泓　万义增　王　顺　王亚平
　　　　　　王昌军　左中夫　叶丽平　李华侃　杨　菁
　　　　　　杨春雨　张　莉　张轶博　单　颖　徐　军
　　　　　　高　航　阎文柱

总策划　　崔洪雨

秘　书　　马丽娜

总 序

医学专业教育不仅要让学生系统掌握医学理论知识，更需要关注学生实践技能、科学思维和创新能力的培养。实验教学与理论教学相辅相成，在全面提高医学教育质量方面有着理论教学不可替代的作用，是高等教育体系中的一个重要环节，是医学教育教学的重要组成部分。实验教材是体现实验教学内容和教学方法的知识载体，是指导学生动手操作、培养学生实践能力的重要工具，是做好实验教学、提高实验教学质量的重要保证，是培养创新型人才的重要手段。为顺应当代医学发展形势、满足医学教育和医学生培养需求，建立以能力培养为主线，分层次、多模块、相互衔接的实验教学体系，培养适应21世纪医药卫生事业发展的高素质医学人才，从实际应用性出发，构建具有自身特点的实验教学内容和教材体系。

系列实验教材第1版于2011年由科学出版社出版发行，为推动实验教学改革，整合实验教学资源，完善实验教学体系，提高实验教学水平，于2016年10月对第1版系列教材进行全面修订。第2版教材由长期工作在教学、科研、医疗第一线的具有丰富理论与实践教学经验的教师编写而成，延续上一版教材的结构框架，将实验内容分为基本实验操作及常用仪器使用、经典验证性实验、综合性实验、研究创新型实验，并依据学科特点适当调整结构比例，增加综合性、创新性实验项目，减少验证性实验。进一步整合、更新了实验项目，删减陈旧内容，纠正在使用过程中发现的问题，使实验项目设置更加科学，实验技术操作更加规范，更有利于培养和提高学生实践能力、观察能力、分析和解决问题能力。

第2版实验系列教材共八本，包括《医用化学实验》《医用物理学实验》《医学大体形态学实验》《医学显微形态学实验》《医学机能实验学》《生物化学与分子生物学实验》《医学免疫学与病原生物学实验》《临床技能学》。其中《临床技能学》融合视频、音频等富媒体技术，使纸质教材与数字教材有机地结合，顺应教材多样化、个性化的发展需要。

本系列教材读者对象以本科、专科临床医学专业为主，兼顾预防、口腔、影像、麻醉、检验、护理、药学等专业需求，涵盖医学生基础医学全部实验教学内容。

在修订过程中，虽经全体编委努力工作及反复修改，但由于水平和时间限制，教材中难免有疏漏或缺陷，恳请读者和同行专家提出宝贵意见。

全国高等院校医学实验教学规划教材
总编委会
2017年7月

前　言

21世纪是生命科学的世纪，化学是当代生命科学领域中重要的基础学科。它涵盖的基础理论、基本知识、基本技术与医学研究各领域密切相关，其理论与技术的发展推动了生命科学的发展，对人类的科技进步与文明产生着巨大影响。化学是一门实践性很强的学科，医用化学实验是高等医学院校教学工作的重要组成部分，实验教学是学生巩固和深化理论知识的重要途径，也是培养学生基本技能、发现和解决实际问题能力、自主学习能力、创新能力和全面素质提高的重要途径，因此实验教学在医用化学教学中占据重要地位。

随着现代高新技术的飞速发展，原有的实验教学内容、手段、方法和模式已不能适应当前的教学需求。在本书编写过程中，我们总结多年实验教学经验，针对医用化学实验学时较少、应用性较强的特点，将医用基础化学和医用有机化学两门实验课进行整合，删去重复和陈旧的部分，适当增加综合性、设计性、应用性实验。本书选编51个实验，在强化培养实验基本技能的基础上，注意学生主观能动性和创造性的发挥，具有系统性、实用性和创新性的特点，并反映了绿色化学理念。

医用化学实验教学改革是一项艰巨而长期的任务，我们将在教学实践中继续总结经验。本书属于全国高等院校医学实验教学规划教材，是对医用化学实验教材改革的初步尝试。由于我们水平有限，书中不足之处在所难免，欢迎广大读者批评指正。

编　者
2017年4月

目 录

第一篇 基础化学实验

实验一　物质的称量 ··· 1
实验二　食盐的提纯和质量检查 ··· 7
实验三　海带中碘的提取 ··· 11
实验四　硫酸亚铁铵的制备及纯度检验 ··· 13
实验五　缓冲溶液的配制和性质 ··· 16
实验六　配位化合物的生成和性质 ··· 19
实验七　硫酸铜的制备 ··· 22
实验八　三草酸根合铁（Ⅲ）酸钾的制备及光化学性质 ··· 24
实验九　银溶胶的制备及光学性质测定 ··· 26
实验十　金溶胶的制备及光学性质测定 ··· 27
实验十一　化学反应速率和化学平衡 ··· 29
实验十二　滴定分析操作练习 ··· 32
实验十三　氢氧化钠标准溶液的配制与标定 ··· 34
实验十四　食醋中总酸度的测定 ··· 41
实验十五　盐酸标准溶液的配制与标定 ··· 43
实验十六　小苏打片中碳酸氢钠含量的测定 ··· 45
实验十七　EDTA 标准溶液的配制和标定 ·· 47
实验十八　水中 Ca^{2+}、Mg^{2+} 含量的测定 ·· 49
实验十九　高锰酸钾标准溶液的标定 ··· 51
实验二十　双氧水中过氧化氢含量的测定 ··· 53
实验二十一　乙酸解离度和解离平衡常数的测定 ··· 55
实验二十二　邻二氮菲分光光度法测定铁 ··· 59
实验二十三　磺基水杨酸合铁（Ⅲ）的组成及稳定常数的测定 ······· 63
实验二十四　分子荧光法测定奎宁的含量 ··· 66
实验二十五　离子选择电极法测定饮用水中含氟量 ··· 68

第二篇 有机化学实验

实验二十六　常压蒸馏 ··· 70
实验二十七　熔点的测定 ··· 75
实验二十八　沸点的测定 ··· 78
实验二十九　折光率的测定 ··· 80
实验三十　旋光度测定 ··· 83
实验三十一　开链烃的化学性质 ··· 85
实验三十二　芳香烃的化学性质 ··· 88
实验三十三　醇、酚的化学性质 ··· 90
实验三十四　醛酮的化学性质 ··· 93
实验三十五　羧酸、取代羧酸的化学性质 ··· 96
实验三十六　含氮有机化合物的性质 ··· 100

实验三十七　糖类化合物的化学性质 …………………………………………………… 103
实验三十八　溴乙烷的制备 …………………………………………………………… 106
实验三十九　苯甲酸的制备 …………………………………………………………… 108
实验四十　乙酸异戊酯的制备 ………………………………………………………… 110
实验四十一　乙酰苯胺的制备 ………………………………………………………… 112
实验四十二　苯胺的制备 ……………………………………………………………… 114
实验四十三　乙酰水杨酸（阿司匹林）的合成 ……………………………………… 117
实验四十四　甲基橙的制备 …………………………………………………………… 119
实验四十五　茶叶中咖啡因的萃取和分离 …………………………………………… 121
实验四十六　从橙皮中提取柠檬烯 …………………………………………………… 124
实验四十七　类胡萝卜素的提取 ……………………………………………………… 126
实验四十八　菠菜色素的提取与分离 ………………………………………………… 128
实验四十九　苯甲酸与苯甲醇的制备 ………………………………………………… 130
实验五十　硼氢化钠还原法制备 1-苯乙醇及外消旋体的分离和分析 ……………… 132
实验五十一　核磁共振波谱实验 ……………………………………………………… 135
参考文献 ………………………………………………………………………………… 139

第一篇 基础化学实验

实验一 物质的称量

【实验目的】
1. 学会正确使用台秤。
2. 了解分析天平的结构和性能。
3. 掌握分析天平的使用规则,学会用减量法称量一定质量的样品。

【实验原理】(见【附录】)。

【实验仪器与试剂】
1. **仪器** 台秤(托盘天平),分析天平,干燥器,称量瓶,小烧杯。
2. **试剂** 硫酸钡固体粉末。

【实验步骤】

1. 称量前的检查 进入天平室后,对照天平号坐在自己需使用的天平前,将天平防尘罩取下叠好,放在天平箱顶部。再按下述方法进行检查。

(1)天平是否水平(如不水平,在教师指导下,可调节天平箱下面的两个天平足,使气泡处于水平仪的中间)。

(2)圈码是否挂好。

(3)指数盘是否在"000"位置。

(4)两盘是否空载(用小毛刷将称盘清扫干净)。

2. 调节零点 接通电源,轻轻顺时针旋转升降枢,启动天平,在光幕上即看到标尺,标尺停稳后,光幕中央的黑线应与标尺中的"0"线重合,即为零点(天平空载时平衡点)。如不在零点,差距小时,可调节天平箱下部的调零拨杆,移动光幕的位置,调至零点;如差距大时,关闭天平,调节横梁上的平衡螺丝,再开启天平,反复调节,直至零点。

3. 物质的称量

(1)直接称量法:将分析天平零点调好以后,关闭天平。把被称物用干净的纸条套住(参看图 1-1,也可采用专用手套),先用托盘天平粗称(便于精称时心中有数,保护分析天平),然后放在分析天平左盘中央。按照"由大到小、中间截取、逐级试重"的原则在右盘加减砝码(或圈码)。试重时应半开天平,观察指针偏移方向或标尺投影移动方向,以判断左右两盘的轻重和所加砝码是否合适及如何调整(指针总是偏向轻盘,标尺投影总是向重盘方向移动)。

先确定克以上砝码(用镊子取放),关上天平右门。再依次调整指数盘内外两层圈码,每次都从中间量(500mg 和 50mg)开始调节。确定内层圈码后,完全开启天平,待光幕上标尺刻度慢慢停到某个位置时,立刻记录光幕上的读数。关闭天平,则砝码、指数盘及光幕上读数之和即为被称物的质量。

例如,用托盘天平粗称一坩埚的质量为15g后,将坩埚放在分析天平左盘中央,右手用镊子将 10g+5g 砝码置于右盘中央，左手稍微转动升降枢，观察指针移动的方向，若指针迅速向左移动，表示砝码太重（若指针迅速向右移动，则表示砝码太轻），应马上关闭升降枢。根据上述情况，先减（增）1g 的砝码，观察指针偏转，若砝码轻，则进一步由指数盘操纵，先加 500mg 的圈码（转动指数盘的外圈），观察指针偏转，然后再由大到小地加减圈码，先确定外圈圈码，再确定内圈圈码，如此称得坩埚质量在 14.85～14.86g。小数点后第 3 位、第 4 位可由投影屏上直接读出，最后称得坩埚质量为 14.8583g。

（2）差减法

1）一次差减：用分析天平称量，只要准确称出称量瓶与样品的总质量 m_1，从右盘先减去称量范围最小值，再分若干次倾出样品至干净的容器中，直至指针偏左（参看图 1-2。左手持称量瓶，右手持盖轻敲瓶口上部，使样品慢慢落入容器中。倒完后，慢慢将瓶竖起，用瓶盖轻敲瓶口，使粘在瓶口的样品落回瓶中，然后将瓶盖盖上，送回天平盘上称量）。此时，容器中样品够量（但不能超量，即从右盘减去称量范围最大值后，指针偏右）。若右盘重，再减去砝码（由轻到重），至天平平衡。称出称量瓶与剩余样品的质量 m_2，计算称出的样品质量 $\Delta m = m_1 - m_2$。

2）连续差减（称量出三份样品）

A. 粗称（称量瓶+样品）→精称→m_1。

B. 减去样品所需质量→倾倒→精称→m_2，重复 2 次得 m_3、m_4。

则三份样品 $\Delta m_1 = m_1 - m_2$，$\Delta m_2 = m_2 - m_3$，$\Delta m_3 = m_3 - m_4$。

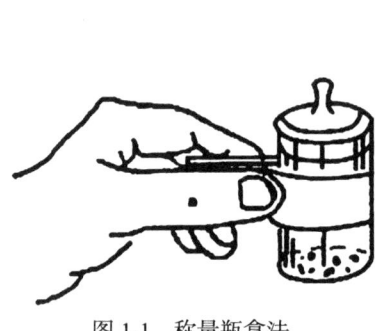 

图 1-1　称量瓶拿法　　　　图 1-2　从瓶中倾出试样

【实验结果和数据处理】

实验数据的记录及处理见表 1-1 和表 1-2。

表 1-1　粗称

称量瓶（g）	称量瓶+BaSO$_4$（g）

表 1-2　精称

称量份数	1	2	3
称量范围（g）	0.5～0.7	0.3～0.4	0.10～0.15
称量瓶+BaSO$_4$（g）	m_1	m_2	m_3
	m_2	m_3	m_4
称取 BaSO$_4$（g）	Δm_1	Δm_2	Δm_3

【附录】

1. 台秤的使用 台秤又称托盘天平。它只适用于精确度要求不高的称量，一般能称准到0.1g。台秤的横梁架在台秤座上，其左右有两个托盘。横梁中部有指针，并且与刻度盘相对（图1-3）。根据指针在刻度盘左右的摆动情况，可以看出台秤是否处于平衡状态。

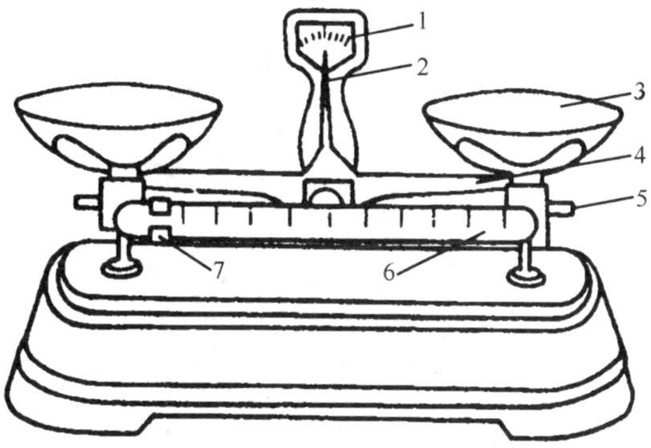

称量步骤如下：

（1）调零点：在称量之前，先将游码移到游码标尺的"0"位置，再检查台秤的指针是否停在刻度盘上中间位置。若不在中间位置，则可调节台秤托盘下面的平衡调节螺丝，使指针停留在中间位置，此中间位置称为台秤的零点。

图 1-3 台秤
1. 刻度盘；2. 指针；3. 托盘；4. 横梁；5. 平衡调节螺丝；6. 游码标尺；7. 游码

（2）称量：称量时，左托盘上放称量物，右托盘上放砝码。10g或5g以上的砝码放在砝码盒内。添加砝码时，应从大到小，要用镊子夹取砝码。10g或5g以下的砝码，可以通过移动游码标尺上的游码来添加。当砝码添加到台秤的指针停在刻度盘中间位置时，即处于平衡状态，此时指针所停位置称为停点（停点与零点之间允许偏差1小格以内）。停点时砝码质量加上游码质量即为称量物的质量。

（3）称量完毕：将砝码放回砝码盒中，将游码标尺上的游码移到刻度"0"位处，并将托盘擦净放在一侧，以免台秤摆动。

2. 半自动电光分析天平的使用

（1）分析天平的称量原理：天平是根据杠杆原理设计的，它用已知重量的砝码来衡量被称物体的重量。在分析工作中，通常说称量某物质的重量，实际上称得的都是物质的质量。

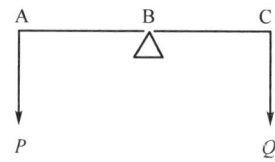

图 1-4 杠杆原理

设杠杆ABC的支点为B，AB和BC的长度相等，A、C两点是力点，A点悬挂的被称物体的质量为P，C点悬挂的砝码质量为Q（图1-4）。当杠杆处于平衡状态时，力矩相等，即：

$$P \times AB = Q \times BC$$

因为AB=BC，所以$P=Q$。

（2）分析天平的种类：常用的分析天平有半自动电光分析天平（图1-5）、全自动电光分析天平（图1-6）。此类天平习惯上称为万分之一天平，可以准确称量至0.1mg（1/10000g），最大载荷200g。

图 1-5 半自动电光分析天平

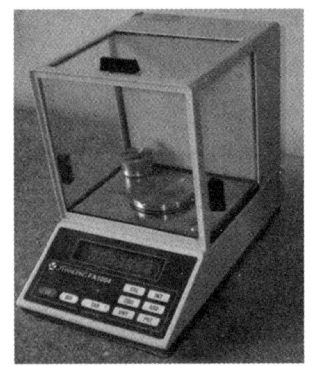

图 1-6 全自动电光分析天平

本实验主要介绍半自动电光分析天平。

（3）基本结构：半自动电光分析天平基本结构见图 1-7。

1）横梁：天平的横梁是天平的重要部件，起平衡和承载物体的作用。

2）平衡螺丝：天平横梁上部两端各装有一个，用来调节天平的零点。

3）吊耳：吊耳的中间向下的部分嵌有玛瑙平板，与天平横梁两端的玛瑙刀口接触。吊耳两端面向下有两个螺丝凹槽。

4）指针：指针固定在天平横梁中央，当天平摆动时，指针随着摆动。指针下端装有标尺，标尺位置可通过投影屏读出，从而确定天平横梁的平衡位置。

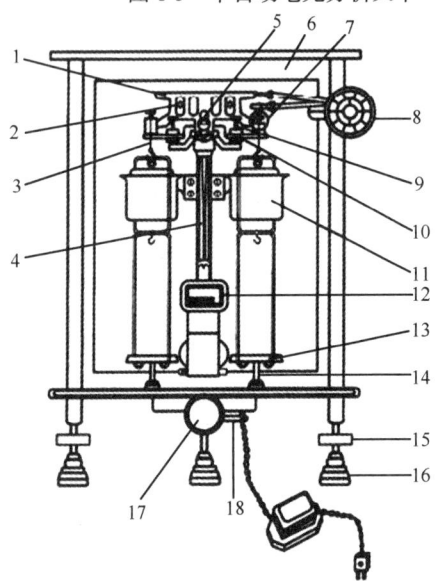

图 1-7 半自动电光分析天平

1. 横梁；2. 平衡螺丝；3. 吊耳；4. 指针；5. 支点刀；6. 框罩；7. 圈码；8. 指数盘；9. 承重刀；10. 折叶；11. 阻尼筒；12. 投影屏；13. 秤盘；14. 盘托；15. 螺旋脚；16. 垫脚；17. 升降枢；18. 调屏拉杆

5）支点刀：横梁的中间装有一个三棱形的玛瑙刀，刀口向下，天平启动后作为支点（图 1-4 的 B 点）。

6）框罩：框罩除用于保护天平外，还用于减少天平内气体的对流，以免影响称量。天平两边的门是供取放 1g 以上的砝码和被称物品的。前门是供安装、调整天平时用的，称量中不要随意打开。

7）圈码：指数盘上刻有圈码的质量，分内外两层。内层由 10~90mg 组合，外层由 100~900mg 组合。天平达到平衡时，可以由内外层读出圈玛的质量，确定物体质量小数点后的第一、二位。

8）指数盘：转动指数盘可往天平横梁上加砝码。全自动天平的砝码都是通过指数盘添加，半自动分析天平 1g 以下的砝码（又称为圈码，用金属丝制成）由指数盘添加。

9）承重刀：横梁的两端还装有两个三棱形的玛瑙刀，称为承重刀，刀口向上。承重刀与支点刀必须完全平行且位于同一水平面内。刀口的角度和刀锋的完整程度直接影响天平的称量准确度。

10）折叶：升起折叶，使三个玛瑙刀呈休止状态，保护天平。

11）阻尼筒：两个套在一起的圆筒，外筒固定在天平柱上，内筒倒挂在吊耳钩上。两圆筒间有均匀的空隙，使内筒能自由上下移动。利用筒内空气的阻力产生阻尼作用，使天平很快达到平衡状态。

12）投影屏（光幕）：位于天平指针下端标尺前，其上有一竖线，称为标线。称量时接通电源后，光源产生的光透过指针下端的标尺，并经光学放大，投影到屏上。在投影屏上能读出 0.1～10mg 范围内的称量读数。

标尺的刻度从 0 到 10mg 分为十大格，每一大格，又分 10 小格，故每一小格为 0.1mg。

称量达到平衡状态时，投影屏上的标线与刻度尺的某一刻度线重合，此位置称为"停点"，读数为*.*mg。所以从投影屏可以确定物体质量小数点后的第三、四位。

13）秤盘：左盘放称量物，右盘放砝码。

14）盘托：位于天平秤盘下面，装在天平底板上。天平不用时，盘托升起把天平托住。

15）螺旋脚：天平箱下面前两只脚装有可以移动的螺丝，用以调整水平仪，使天平保持在水平位置上。

16）垫脚：垫在天平三只脚下，起防滑减震的作用。

17）升降枢：是控制天平工作状态和休止状态的旋钮，也就是天平的开关。使用天平时，旋转升降旋钮，三个玛瑙刀口与相应的玛瑙平板接触，同时盘托落下，天平处于工作状态。

18）调屏拉杆：可左右微调投影屏，调整零点。

（4）分析天平的使用规则

1）称量未知物的质量时，一般要在台秤上粗称。这样不仅可以加快称量速度，同时可保护分析天平的刀口。

2）加减砝码的顺序是：由大到小，依次调定。在取、放称量物或加减砝码时（包括圈码），必须关闭天平。启动开关旋钮时，一定要缓慢均匀，避免天平剧烈摆动。这样可以保护天平刀口不致受损。

3）称量物和砝码必须放在称盘中央，避免称盘左右摆动。不能称量过冷或过热的物体，以免引起空气对流，使称量的结果不准确。称取具有腐蚀性、挥发性物体时，必须放在密闭容器内称量。

4）同一实验中，所有的称量要使用同一架天平，以减少称量的系统误差。使用天平称量不能超过最大载重，以免损坏天平。

5）砝码盒中的砝码必须用镊子夹取，不可用手直接拿取，以免沾污砝码。砝码只能放在天平称盘上或砝码盒内，不得随意乱放。在使用机械加码旋钮时，要轻轻逐格旋转，避免圈码脱落。

6）称量的物品温度要与天平室的温度一致，不得把过冷或过热的物品放到天平中称量。

7）砝码与圈码调定后，关闭天平门，待标尺在投影屏上停稳后再读数，及时在记录本上记下数据。砝码、圈码的质量加标尺读数（均以克计）即为被称物质量。读数完毕，应立即关闭天平。

8）称量完毕，将被称物放到指定位置，砝码放回盒内，指数盘退回到"000"位，关闭两侧门。再次调整天平零点，经教师确认后，盖上防尘罩。登记，凳子放回原处，然后离开天平室。

3. 全自动电光分析天平的使用

（1）打开电源开关，屏幕上出现 0.0000g。

（2）调零点：将称量纸放在托盘上，待屏幕数字稳定后，按"去皮"键（Tar 键），屏幕显示 0.0000g。

（3）向称量纸内加药品，待接近称量数值，少量加入，稳定后读数。

（4）称量完毕，取出称量纸及药品，待读数回到零位后关闭电源开关。盖上防尘罩，经教师确认后，离开天平室。

【注意事项】

1. 直接称量的物体应洁净、干燥、不易潮解、升华，并无腐蚀性。

2. 被称量物品不得用手直接接触，也不能直接放在台面上。

3. 如果倒入容器的样品超量，必须弃去重称，切勿放回称量瓶。

4. 称量结束后，应在"天平使用登记本"上登记。

【思考题】

1. 如何调节分析天平的零点？
2. 在分析天平上取放物品或加减砝码（包括圈码）时，应特别注意哪些事项？
3. 分析天平称量结果应记录至小数点后几位？
4. 快速开、关升降枢会造成什么结果？
5. 称量前，当天平的指针不在零点而偏左时，用以称量物品，天平达到平衡时，称得的物品质量与实际质量相比是偏小还是偏大？

（锦州医科大学　冯　宇）

实验二 食盐的提纯和质量检查

【实验目的】

1. 掌握食盐的提纯方法和基本原理。

2. 学习称量、沉淀、常压过滤、蒸发浓缩、结晶和减压过滤等基本操作。

3. 了解 Ca^{2+}、Mg^{2+}、SO_4^{2-} 等离子的定性鉴定。

【实验原理】

用于配制生理盐水的 NaCl 试剂是以粗食盐为原料提纯制备的。粗食盐中除含有泥沙等不溶性杂质外，还含有 K^+、Ca^{2+}、Mg^{2+} 和 SO_4^{2-} 等可溶性杂质。不溶性杂质可通过过滤除去；选用合适的试剂可使可溶性的 Ca^{2+}、Mg^{2+}、SO_4^{2-} 等杂质离子生成沉淀而过滤除去。

通常是先在粗食盐溶液中加入稍过量的 $BaCl_2$ 溶液，使其中的 SO_4^{2-} 生成 $BaSO_4$ 沉淀：

$$Ba^{2+} + SO_4^{2-} = BaSO_4\downarrow$$

过滤除去 $BaSO_4$ 沉淀后，在滤液中加入过量的 Na_2CO_3 溶液，Ca^{2+}、Mg^{2+} 和过量的 Ba^{2+} 转化为沉淀：

$$Ca^{2+} + CO_3^{2-} = CaCO_3\downarrow$$

$$4Mg^{2+} + 4CO_3^{2-} + H_2O = Mg(OH)_2 \cdot 3MgCO_3\downarrow + CO_2\uparrow$$

$$Ba^{2+} + CO_3^{2-} = BaCO_3\downarrow$$

过滤除去沉淀后，再向所得滤液中加入盐酸除去过量的 Na_2CO_3：

$$CO_3^{2-} + 2H^+ = CO_2\uparrow + H_2O$$

粗盐中的 K^+ 和上述的沉淀剂都不起作用，仍留在溶液中。由于 KCl 的溶解度大于 NaCl 的溶解度，且含量较少，因此在蒸发和浓缩食盐溶液时，NaCl 先结晶析出，而 KCl 仍留在溶液中。

【实验仪器与试剂】

1. 仪器 托盘天平，烧杯（100mL），玻璃棒，量筒（50mL），滤纸，玻璃漏斗，布氏漏斗，吸滤瓶，蒸发皿，石棉网，煤气灯，三脚架，研钵。

2. 试剂 粗食盐，HCl（$6mol \cdot L^{-1}$），HAc（$6mol \cdot L^{-1}$），NaOH（$6mol \cdot L^{-1}$），$BaCl_2$（$1mol \cdot L^{-1}$），Na_2CO_3（饱和），$(NH_4)_2C_2O_4$（饱和），镁试剂，H_2SO_4（$1mol \cdot L^{-1}$），蒸馏水。

【实验步骤】

1. 粗食盐的提纯

（1）粗食盐的溶解：用托盘天平称取 10g 粗食盐于研钵中，研碎后转入 100mL 烧杯中。加约 40mL 蒸馏水，加热搅拌使粗食盐溶解。

（2）除 SO_4^{2-}：加热溶液至近沸，边搅拌边滴加 $1mol \cdot L^{-1} BaCl_2$ 溶液至沉淀完全（2～3mL $BaCl_2$ 溶液）。继续加热 5min，使沉淀颗粒长大易于沉降。

（3）检查 SO_4^{2-} 是否除尽：将烧杯从石棉网上取下，静置、冷却至室温，待沉淀沉降后，取少许上层清液于试管中，加 1 滴 $6mol \cdot L^{-1}$ HCl 溶液和 2 滴 $1mol \cdot L^{-1} BaCl_2$ 溶液，如果出现混浊，表示 SO_4^{2-} 未除尽，需继续滴加 $BaCl_2$ 溶液除去剩余 SO_4^{2-}；如果不出现混浊，表示

SO_4^{2-} 已除尽。过滤,弃去沉淀。

(4) 除 Ca^{2+}、Mg^{2+} 和过量的 Ba^{2+}:将所得滤液加热近沸,边搅拌边滴加饱和的 Na_2CO_3 溶液至沉淀完全。静置,冷却至室温。

(5) 检查 Ba^{2+} 是否除尽:取少许上层清液于试管中,加入 2 滴 $1mol·L^{-1}H_2SO_4$ 溶液,如果出现混浊,表示 Ba^{2+} 未除尽,在原溶液中继续加 Na_2CO_3 溶液,直至 Ba^{2+} 除尽为止。过滤,弃去沉淀。

(6) 用盐酸调节酸度除去过量的 CO_3^{2-}:在搅拌下向滤液中逐滴滴加 $6mol·L^{-1}HCl$ 溶液至溶液 pH 为 4~5(用 pH 试纸进行检查)。

(7) 浓缩与结晶:将滤液倒入蒸发皿中,用小火加热蒸发浓缩至稀糊状为止(约为原体积的 1/4),冷却后,抽滤,尽量将 NaCl 晶体抽干。再将 NaCl 晶体转移到蒸发皿中,在石棉网上用小火烘干。冷却后称量,计算产率。

2. 粗食盐和精制食盐中杂质的定性比较 取粗食盐和精制食盐各 1g,分别溶于 4mL 蒸馏水中,将两种溶液各分为四等份盛在八支试管中组成四组,用下面的方法进行定性检验。

(1) SO_4^{2-} 的检验:在第一组溶液中,分别加入 2 滴 $6mol·L^{-1}HCl$ 溶液,使溶液呈酸性,再各加入 3 滴 $1mol·L^{-1}BaCl_2$ 溶液,观察现象。

(2) Ca^{2+} 的检验:在第二组溶液中,分别加入 2 滴 $6mol·L^{-1}HAc$ 溶液,使溶液呈酸性,再各加入 3 滴饱和的 $(NH_4)_2C_2O_4$ 溶液。如有白色 CaC_2O_4 沉淀生成,证明有 Ca^{2+} 存在(Mg^{2+} 也可产生草酸盐沉淀。但 MgC_2O_4 溶于 HAc,CaC_2O_4 不溶于 HAc,加 HAc 可排除 Mg^{2+} 的干扰),观察现象。

(3) Mg^{2+} 的检验:在第三组溶液中,分别加入 2 滴 $6mol·L^{-1}NaOH$ 溶液,使溶液呈碱性,再各加入 2 滴镁试剂。若有天蓝色沉淀生成,证明 Mg^{2+} 存在,观察现象。

(4) Ba^{2+} 的检验:在第四组溶液中各加入 $1mol·L^{-1}H_2SO_4$ 2 滴,比较两份溶液产生沉淀的情况。

注:镁试剂为对硝基苯偶氮间苯二酚,其结构式为:

$$O_2N-\text{\textlangle}\phi\text{\textrangle}-N=N-\text{\textlangle}\phi\text{\textrangle}(OH)(HO)$$

在碱性溶液中呈红色或红紫色,被 $Mg(OH)_2$ 沉淀吸附后呈天蓝色。

【实验结果和数据处理】

粗食盐和精制食盐杂质的定性比较见表 2-1。

表 2-1 粗食盐和精制食盐杂质的定性比较

被检离子	加入试剂	离子反应式	现象	
			粗食盐溶液	精制食盐溶液
SO_4^{2-}				
Ca^{2+}				
Mg^{2+}				
Ba^{2+}				

【思考题】

1. 在除去 Ca^{2+}、Mg^{2+}、SO_4^{2-} 时,为什么要先加入 $BaCl_2$ 溶液,然后再加入 Na_2CO_3 溶液?

2. 能否用 Ba(NO$_3$)$_2$ 代替 BaCl$_2$ 除食盐中的 SO$_4^{2-}$？
3. 检查 SO$_4^{2-}$ 时，为什么要先加盐酸酸化？
4. 用 Na$_2$CO$_3$ 溶液除去阳离子后，为什么只检查 Ba^{2+} 除尽了没有？
5. 在蒸发浓缩时，为什么不能把溶液蒸干？

【附录】

1. 煤气灯的构造和使用 煤气灯是化学实验室中最常用的加热器具，使用方便。煤气灯的式样虽有不同，但构造原理是一致的。煤气灯的构造见图 2-1。它由灯管和灯座所组成，灯管下部有螺旋与灯座相连，灯管下部还有几个通气孔，为空气的入口。旋转灯管，即可完全关闭或不同程度地开启圆孔，以调节空气的进入量，灯座的侧面有煤气的入口，可接上橡皮管把煤气导入灯内。灯座侧面（或下面）有一螺旋形针阀，用以调节煤气的进入量。

点燃煤气灯前，先旋转灯管关闭空气入口，划着火柴，打开煤气开关，在灯管口点燃煤气，调节火焰大小，然后旋转灯管开启空气入口，调节空气进入量至火焰成为正常火焰。

调节好的正常火焰一般分为三个锥形区域（图 2-2），如表 2-2 所示。

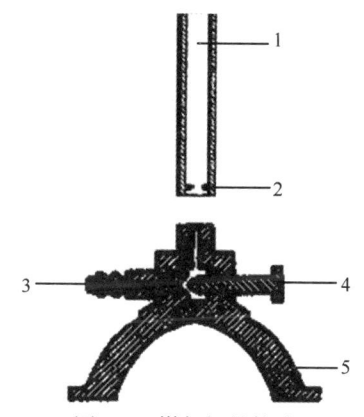
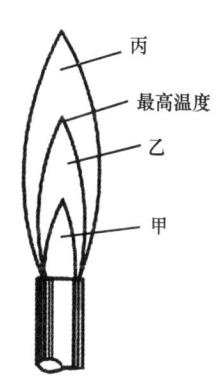

图 2-1 煤气灯的构造　　　　　　　图 2-2 正常火焰
1. 灯管；2. 空气入口；3. 煤气入口；4. 针阀；5. 灯座

实验中一般都用氧化焰加热，温度的高低可由调节火焰的大小来控制。

当空气或煤气的进入量调节得不合适时，会产生不正常的火焰。当煤气和空气的进入量都很大时，火焰会脱离灯管口而临空燃烧，称为"临空火焰"。这种火焰不会持久，很快自行熄灭。当煤气进入量很小，而空气进入量很大时，煤气会在灯管内燃烧而不是在灯管口燃烧，灯管口火焰变为一细长的火焰，称为"侵入火焰"，此时，灯管中会发出特殊的嘶嘶声，而灯管也被烧得很热，一不小心就会烫伤手指。在实验中，若遇到"临空火焰"或"侵入火焰"时，应立即将煤气关闭，重新点燃并调节到正常火焰。

表 2-2　正常火焰的三个锥形区域

区域	名称	火焰颜色	温度	燃烧反应
甲	焰心	黑色	最低（300℃左右）	煤气和空气混合，未燃烧
乙	还原焰	淡蓝	较高	燃烧不完全。由于煤气分解为含碳的产物，这部分火焰具有还原性
丙	氧化焰	淡紫	最高（800～900℃）	燃烧完全。由于有过剩的氧，这部分火焰有氧化性

2. 减压过滤（抽气过滤） 减压过滤可缩短过滤时间，并可把沉淀抽得比较干燥，但不适合胶状沉淀和颗粒太细沉淀的过滤。

减压过滤装置（图 2-3），由布氏漏斗、吸滤瓶和真空泵组成。减压过滤的原理是利用真空泵将吸滤瓶中的空气抽出，使吸滤瓶内压力减小，造成瓶内与布氏漏斗液面上的压力差，从而提高过滤速度。

过滤前，应先将滤纸剪成直径略小于布氏漏斗内径又能将全部小孔盖住的圆形，平铺在布氏漏斗瓷板上。将漏斗插入单孔橡皮塞，并与吸滤瓶相连接。漏斗管下方的斜口应对着吸滤瓶的支管口，便于吸滤。再用少量蒸馏水湿润滤纸，慢慢抽吸，使滤纸紧贴在漏斗的瓷板上，然后进行过滤。过滤时，将溶液沿玻璃棒倒入漏斗内，加入量不超过漏斗容量的 2/3，待溶液滤下后，将沉淀转移至漏斗中，待抽至无液滴滴下时，停止抽滤。这时应先拔下吸滤瓶上的橡皮管，然后再关闭真空泵，防止倒吸。如沉淀需洗涤，在停止抽气后，用尽可能少的溶剂洗涤沉淀，减少溶解损失，使洗涤剂与沉淀充分润湿后，再减压将沉淀抽干，如果沉淀需多次洗涤，则可重复以上操作，直到达到要求为止。

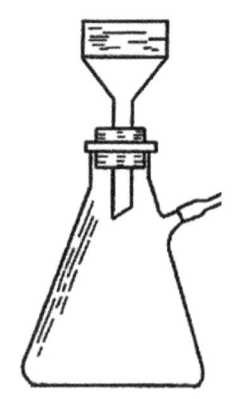

图 2-3 减压过滤装置

（锦州医科大学 刘佳川）

实验三 海带中碘的提取

【实验目的】

1. 掌握从海带中提取碘的原理和方法。

2. 学习利用升华法提纯物质。

【实验原理】

碘是人体生命活动中极为重要的微量元素之一。当碘摄入不足时,机体会出现一系列的障碍。碘缺乏病是由于自然环境缺碘而对人体所造成的损害,可表现出各种疾病。地方性甲状腺肿、地方性克汀病、地方性亚临床型克汀病及影响生育而出现的不育症、早产儿、死产、先天畸形儿等这些病统称为"碘缺乏病"。人体吸收的碘主要来源之一是海洋生物,尤其是资源丰富的海带。因此提取海带中碘具有较重要的意义。

从海带中提取碘是先将干海带灼烧成灰,然后用蒸馏水浸取,使其中的碘以I^-形式被溶解出来,再在中性条件下将其氧化成I_2(本实验采用重铬酸钾)。

$$6I^- + Cr_2O_7^{2-} + 14H^+ = 2Cr^{3+} + 3I_2 + 7H_2O$$

最后利用升华的方法,将单质碘提纯。

【实验仪器与试剂】

1. 仪器 称量瓶,蒸馏烧瓶,烧杯,研钵,抽滤装置,蒸发皿。

2. 试剂 重铬酸钾,H_2SO_4($2mol \cdot L^{-1}$),滤纸,pH 试纸,干海带,蒸馏水。

【实验步骤】

1. 称取 10g 干燥的海带,放在蒸发皿中焙烧,使海带完全灰化。将海带灰倒在烧杯中,依次加入 20mL、10mL、10mL 蒸馏水煮沸,每次煮沸后,倾泻出上层清液,抽滤。将滤液和三次浸出液合并在一起,总体积不宜超过 30mL。

2. 往滤液里滴加 $2mol \cdot L^{-1}$硫酸溶液至滤液显中性(用 pH 试纸检查)。把酸化后的滤液在蒸发皿中蒸发至干并尽量炒干。冷却后转移至研钵中,加入 0.5g 重铬酸钾固体与之混合均匀并研细。

3. 将上述混合物放入干燥的高筒烧杯中,将装有冷却水的烧瓶放在烧杯口上(图3-1)。加热烧杯使生成的碘升华。碘蒸气在烧瓶底部凝聚。当无紫色碘蒸气产生时,停止加热。

4. 将新制得的碘回收在棕色试剂瓶内。

5. 性质检验:将少许碘产品放入一试管中,加几滴水,摇匀。再滴加淀粉溶液,观察现象。

【注意事项】

1. 海带灰里含有碳酸钾,酸化使其呈中性或弱酸性,对下一步氧化析出碘有利。但硫酸加多了则易使碘化氢氧化出碘而损失。

2. 实验中冷却水的水流速度应控制在蒸馏烧瓶外无冷凝水层为宜。

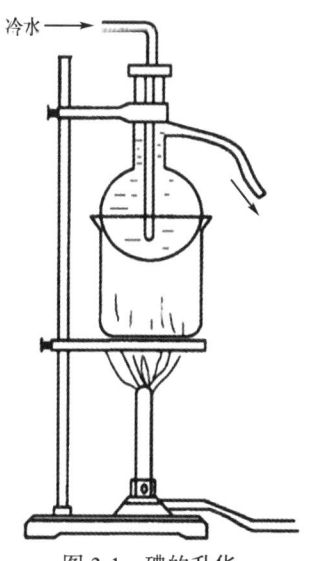

图 3-1 碘的升华

【思考题】

1. 从海带中提取碘，将海带灼烧成灰的作用是什么？
2. 从海带中提取碘要高温灼烧，使海带全部烧成黑色灰状物。灼烧不会使碘升华吗？
3. 加硫酸的作用是什么？
4. 冷却时为什么需要蒸馏烧瓶外无冷凝水？
5. 新制得的碘为什么回收在棕色试剂瓶内？

（锦州医科大学　冯　宇）

实验四 硫酸亚铁铵的制备及纯度检验

【实验目的】
1. 学习复盐硫酸亚铁铵的制备方法。
2. 练习和巩固水浴加热、蒸发浓缩、结晶、减压过滤等基本操作。
3. 学习用目视比色法检验产品的质量等级。
4. 学习用热重分析仪测试和绘制硫酸亚铁铵的热重分析曲线。

【实验原理】

硫酸亚铁铵[$(NH_4)_2SO_4 \cdot FeSO_4 \cdot 6H_2O$]俗名为莫尔盐,为浅蓝绿色单斜晶体。一般亚铁盐在空气中易被氧化,而硫酸亚铁铵在空气中比一般亚铁盐稳定,不易被氧化,并且价格低,制造工艺简单,容易得到较纯净的晶体,因此应用广泛。在定量分析中常用来配制亚铁离子的标准溶液。

和其他复盐一样,硫酸亚铁铵在水中的溶解度比组成它的每一组分 $FeSO_4$ 或 $(NH_4)_2SO_4$ 的溶解度都要小。利用这一特点,可通过蒸发浓缩 $FeSO_4$ 与 $(NH_4)_2SO_4$ 溶于水所制得的浓混合溶液制取硫酸亚铁铵晶体。三种盐的溶解度数据列于表 4-1。

表 4-1 三种盐的溶解度(单位为 g/100g H_2O)

温度(℃)	$FeSO_4$	$(NH_4)_2SO_4$	$(NH_4)_2SO_4 \cdot FeSO_4 \cdot 6H_2O$
10	20.0	73	17.2
20	26.5	75.4	21.6
30	32.9	78	28.1

本实验先将铁屑溶于稀硫酸生成硫酸亚铁溶液:

$$Fe + H_2SO_4 = FeSO_4 + H_2\uparrow$$

再往硫酸亚铁溶液中加入硫酸铵并使其全部溶解,加热浓缩制得混合溶液,再冷却即可得到溶解度较小的硫酸亚铁铵晶体。

$$FeSO_4 + (NH_4)_2SO_4 + 6H_2O = (NH_4)_2SO_4 \cdot FeSO_4 \cdot 6H_2O$$

用目视比色法可估计产品中所含杂质 Fe^{3+} 的量。Fe^{3+} 与 SCN^- 能生成红色物质 $[Fe(SCN)]^{2+}$,红色深浅与 Fe^{3+} 含量有关。将所制备的硫酸亚铁铵晶体与 KSCN 溶液在比色管中配制成待测溶液,将它所呈现的红色与含一定 Fe^{3+} 量所配制成的标准 $[Fe(SCN)]^{2+}$ 溶液的红色进行比较,根据待测溶液中杂质 Fe^{3+} 的含量范围,确定产品等级。

【实验仪器与试剂】

1. 仪器 锥形瓶(250mL),量筒(50mL、10mL),水浴锅,玻璃棒,玻璃漏斗,滤纸,漏斗架,蒸发皿,布氏漏斗,真空泵,煤气灯,石棉网,铁架台,泥三角,托盘天平,滤纸,pH 试纸,比色管(25mL),热重分析仪。

2. 试剂 铁屑,Na_2CO_3(1mol·L^{-1}),H_2SO_4(6mol·L^{-1}),$(NH_4)_2SO_4$(化学纯),乙醇(95%),HCl(2mol·L^{-1}),KSCN(1mol·L^{-1}),$NH_4Fe(SO_4)_2 \cdot 12H_2O$(分析纯)。

【实验步骤】

1. 铁屑的净化 用托盘天平称取 2.8g 铁屑,放入锥形瓶中,加入 20mL 1mol·L^{-1}

Na_2CO_3 溶液,将锥形瓶置于石棉网上,用煤气灯小火加热,煮沸约 10min 以除去铁屑上的油污。倾去碱液,用自来水冲洗后,再用去离子水把铁屑冲洗干净。

2. $FeSO_4$ 的制备　往盛有铁屑的锥形瓶中加入 10mL 6mol·$L^{-1}H_2SO_4$,水浴加热,并经常振荡锥形瓶。反应过程中适当补加少量去离子水,以维持原体积,防止 $FeSO_4$ 结晶析出。待反应基本完成(不再有气泡放出)后,再加入 1mL 6mol·$L^{-1}H_2SO_4$,以防止 Fe^{2+} 转化为 Fe^{3+}。趁热用普通漏斗过滤,滤液转移至蒸发皿中。

3. $(NH_4)_2SO_4 \cdot FeSO_4 \cdot 6H_2O$ 的制备　用托盘天平称取 $(NH_4)_2SO_4$ 6.5g,加入上述装有 $FeSO_4$ 溶液的蒸发皿中,置于石棉网上加热,搅拌,使 $(NH_4)_2SO_4$ 全部溶解,继续蒸发、浓缩至表面出现晶膜为止(蒸发过程不宜搅动溶液)。静置,使之缓慢冷却,$(NH_4)_2SO_4 \cdot FeSO_4 \cdot 6H_2O$ 晶体大量析出,待冷至室温后,减压过滤,并用少量95%乙醇洗涤晶体两次,抽干。观察晶体的颜色和形状。称重,计算产率。

4. 产品检验[Fe^{3+} 的限量分析]　称取 1.0g 产品于 25mL 比色管中,用 15mL 不含氧的去离子水溶解,再加入 2mL 2mol·L^{-1}HCl 和 1mL 1mol·L^{-1}KSCN 溶液,用不含氧的去离子水稀释至 25mL,摇匀。与 Fe^{3+} 标准溶液进行目视比色,确定产品级别。

此产品分析方法是将成品配制成溶液与各标准溶液进行比色,以确定杂质含量范围。如果成品溶液的颜色不深于标准溶液,则认为杂质含量低于某一规定限度,所以这种分析方法称为限量分析。

5. 热重曲线的绘制　用分析天平称取 5～15mg 硫酸亚铁铵,倒入坩埚中,在空气或氮气气氛中,以每分钟 10～20℃ 的升温速率在室温至 700℃ 的温度范围内,测试 $(NH_4)_2SO_4 \cdot FeSO_4 \cdot 6H_2O$ 的热重分析曲线。

【实验结果和数据处理】

1. 硫酸亚铁铵的实际产量。

2. 硫酸亚铁铵的理论产量。

3. 硫酸亚铁铵的产率。

4. 确定产品的级别。

5. 热重分析曲线作图:以温度为横坐标,硫酸亚铁铵的质量为纵坐标绘制热重分析曲线,并分析硫酸亚铁铵在加热过程中所发生的化学变化。

【注意事项】

1. 酸溶时要注意分次补充少量水,以防止 $FeSO_4$ 析出。

2. 蒸发浓缩初期要不停搅拌,但要注意观察晶膜,一旦发现晶膜出现即停止搅拌。

3. 反应物不能腐蚀氧化铝坩埚,如需用铂金坩埚,温度不要超过 1200℃。

【思考题】

1. 为什么硫酸亚铁铵在定量分析中可以用来配制亚铁离子的标准溶液?
2. 本试验利用什么原理来制备硫酸亚铁铵?
3. 如何利用目视法来判断产品中所含杂质 Fe^{3+} 的量?
4. 铁屑中加入 H_2SO_4 水浴加热至不再有气泡放出时,为什么要趁热过滤?
5. 洗涤晶体时为什么用 95%乙醇而不用水洗涤晶体?
6. 升温速率太快对热重曲线的绘制有什么影响?

【附录】

1. Fe^{3+}标准溶液的配制 称取 0.1727g $NH_4Fe(SO_4)_2 \cdot 12H_2O$，溶于少量水中，加 4.0mL 6mol·$L^{-1}$ HCl，移入 200mL 容量瓶中，用水稀释至刻度，摇匀。此溶液含 0.1000g·L^{-1} Fe^{3+}。

2. 标准色阶的配制 取 0.50mL、1.00mL 和 2.00mL Fe^{3+}标准溶液分别置于 25mL 比色管中，各加 2.0mL 2mol·L^{-1} HCl 和 1.0mL 1mol·L^{-1} KSCN 溶液，再用去离子水稀释至刻度，摇匀，即得含 Fe^{3+}量分别为 0.05mg（一级）、0.10mg（二级）和 0.20mg（三级）的三个等级的试剂标准溶液。

（锦州医科大学　李华侃）

实验五　缓冲溶液的配制和性质

【实验目的】

1. 掌握配制缓冲溶液的基本程序，学会使用酸度计。
2. 了解配制缓冲溶液的基本原理及缓冲溶液的性质。

【实验原理】

缓冲溶液是一种在一定程度上能抵抗外加的少量强酸、少量强碱和稍加稀释，而保持自身 pH 基本不变的溶液。缓冲溶液一般是由共轭酸碱对组成的，如弱酸和弱酸盐，或弱碱和弱碱盐。

缓冲溶液的 pH 计算公式如下：

$$pH = pK_a + \lg \frac{c_{共轭碱}}{c_{共轭酸}}$$

因为缓冲溶液中的共轭酸碱对分别具有抗酸和抗碱能力，所以加入少量强酸或强碱，其 pH 基本上是不变的。稀释缓冲溶液时，酸和碱的浓度比值不改变，适当稀释不影响其 pH。

假如缓冲溶液中共轭酸碱对的物质的量浓度相同，则缓冲溶液的 pH 可由下式计算：

$$pH = pK_a + \lg \frac{V_{共轭碱}}{V_{共轭酸}}$$

缓冲容量是衡量缓冲溶液缓冲能力大小的尺度。其大小与缓冲溶液总浓度和缓冲比有关。缓冲比一定时，缓冲溶液总浓度越大，缓冲容量越大；缓冲溶液总浓度一定时，缓冲比越接近 1，缓冲容量越大。

【实验仪器与试剂】

1. 仪器　酸度计，量筒（10mL，50mL），烧杯（200mL，100mL，50mL），试管，大试管。

2. 试剂　HAc（$0.1mol \cdot L^{-1}$，$1mol \cdot L^{-1}$），NaAc（$0.1mol \cdot L^{-1}$，$1mol \cdot L^{-1}$），NaH_2PO_4（$0.1mol \cdot L^{-1}$），Na_2HPO_4（$0.1mol \cdot L^{-1}$），$NH_3 \cdot H_2O$（$0.1mol \cdot L^{-1}$），NH_4Cl（$0.1mol \cdot L^{-1}$），HCl（$0.1mol \cdot L^{-1}$，$1.0 \times 10^{-4} mol \cdot L^{-1}$），NaOH（$0.1mol \cdot L^{-1}$，$1.0 \times 10^{-10} mol \cdot L^{-1}$），甲基红指示剂，广泛 pH 试纸，精密 pH 试纸，吸水纸。

【实验步骤】

1. 缓冲溶液的配制与 pH 的测定　按表 5-1 中各缓冲对计算配制 pH=4.0 和 pH=7.0 及 pH=10.0 的缓冲溶液 100mL 所需各溶液的体积。根据计算用量，量取各组溶液分别置于 200mL 烧杯中，混匀。用精密 pH 试纸和 pH 计分别测定它们的 pH 并填入表 5-1 中。

表 5-1　缓冲溶液的配制与 pH 的测定

实验编号	理论 pH	100mL 缓冲溶液中		pH 测定值	
		组分	体积（mL）	精密 pH 试纸	pH 计
1	4.0	HAc（$0.1mol \cdot L^{-1}$）			
		NaAc（$0.1mol \cdot L^{-1}$）			

续表

实验编号	理论pH	100mL缓冲溶液中		pH测定值	
		组分	体积（mL）	精密pH试纸	pH计
2	7.0	NaH_2PO_4（$0.1mol \cdot L^{-1}$）			
		Na_2HPO_4（$0.1mol \cdot L^{-1}$）			
3	10.0	$NH_3 \cdot H_2O$（$0.1mol \cdot L^{-1}$）			
		NH_4Cl（$0.1mol \cdot L^{-1}$）			

2. 缓冲溶液的性质　取6支试管，依次加入蒸馏水、pH=4.0的HCl溶液、pH=10.0的NaOH溶液、pH=4.0、pH=7.0、pH=10.0的缓冲溶液各5mL，用精密pH试纸测其pH。

然后向各试管中加入5滴HCl（$0.1mol \cdot L^{-1}$），用精密pH试纸测其pH。

重新取6种溶液5mL，加入5滴NaOH（$0.1mol \cdot L^{-1}$），用精密pH试纸测其pH。

重复上面操作，取6种溶液5mL，加入10mL纯水，用精密pH试纸测其pH。

将结果记录在表5-2中。根据加入酸、碱、纯水前后pH的变化，说明缓冲溶液具有哪些性质。

表5-2　缓冲溶液的性质

实验编号	溶液类别	pH	加5滴HCl后pH	加5滴NaOH后pH	加10mL水后pH
1	蒸馏水				
2	pH=4.0的HCl溶液				
3	pH=10.0的NaOH溶液				
4	pH=4.0的缓冲溶液				
5	pH=7.0的缓冲溶液				
6	pH=10.0的缓冲溶液				

3. 缓冲溶液的缓冲容量

（1）缓冲容量与缓冲组分浓度的关系：取2支大试管，在一支试管中加入$0.1mol \cdot L^{-1}$HAc和$0.1mol \cdot L^{-1}$NaAc各3mL，另一试管中加入$1mol \cdot L^{-1}$HAc和$1mol \cdot L^{-1}$NaAc各3mL，在两试管中分别滴入2滴甲基红指示剂，然后在两试管中分别逐滴加入$0.1mol \cdot L^{-1}$NaOH溶液（边加边摇），直至溶液的颜色变成黄色。记录所加NaOH的滴数（表5-3），解释其原因。

表5-3　缓冲容量与缓冲组分浓度的关系

实验编号	缓冲溶液	组分浓度	组分体积（mL）	至溶液变色所加NaOH的滴数
1	HAc+NaAc	$0.1mol \cdot L^{-1}$	3	
2	HAc+NaAc	$1mol \cdot L^{-1}$	3	

（2）缓冲容量与缓冲比的关系：取2支大试管，在一支试管中加入$0.1mol \cdot L^{-1}NaH_2PO_4$和$0.1mol \cdot L^{-1}Na_2HPO_4$各10mL，另一试管中加入2mL $0.1mol \cdot L^{-1}$ NaH_2PO_4和18mL $0.1mol \cdot L^{-1}Na_2HPO_4$，混匀后用精密pH试纸分别测量两试管中溶液的pH。然后在每试管中各加入1.0mL $0.1mol \cdot L^{-1}$NaOH，混匀后再用精密pH试纸分别测量两试管中溶液的pH（表5-4）。解释其原因。

表 5-4　缓冲容量与缓冲比的关系

实验编号	缓冲溶液	组分体积（mL）	缓冲比	pH	加入 1.0mL NaOH 后 pH
1	NaH_2PO_4（$0.1mol \cdot L^{-1}$）	10	1∶1		
	Na_2HPO_4（$0.1mol \cdot L^{-1}$）	10			
2	NaH_2PO_4（$0.1mol \cdot L^{-1}$）	2	1∶9		
	Na_2HPO_4（$0.1mol \cdot L^{-1}$）	18			

【思考题】

1. 缓冲溶液的 pH 由哪些因素决定？
2. 为什么缓冲溶液具有缓冲作用？
3. 缓冲溶液的缓冲能力由哪些因素决定？
4. $NaHCO_3$ 溶液是否具有缓冲作用，为什么？
5. 用 pH 计测定溶液 pH 时，已经标定的仪器，"定位"调节是否可以改变位置，为什么？

（锦州医科大学　付纯刚）

实验六　配位化合物的生成和性质

【实验目的】

1. 了解几种不同类型配离子的生成和组成形式。
2. 认识简单离子与配离子、配离子与复盐之间的区别。
3. 了解配离子的稳定性和配位平衡的移动。
4. 认识螯合物的生成。

【实验原理】

从组成结构上看，配位化合物一般分为内界和外界两部分。中心离子和配体以配位键结合组成配合物的内界（称为配离子或分子），配离子以外的部分为外界。

配离子一般较稳定，在水溶液中仅有极小部分解离为简单离子，而复盐则全部电离为简单离子。当简单离子形成配离子后，往往发生某些性质的改变，如颜色、溶解性等的变化。

配离子在溶液中存在配位平衡，如：

$$Ag^+ + 2NH_3 \Longleftrightarrow Ag(NH_3)_2^+$$

$$K_s = \frac{[Ag(NH_3)_2^+]}{[Ag^+][NH_3]^2}$$

K_s 为稳定常数，不同的配离子具有不同的 K_s，对于同种类型的配离子，K_s 值越大，配离子越稳定。

根据勒·夏特列原理，改变中心离子、配体及配离子的浓度会使配位平衡发生移动。稀释或浓缩，加入能与中心离子形成更稳定的配离子的配位剂，加入沉淀剂，改变介质的酸碱性和改变中心原子的氧化态，都会使配位平衡发生移动。

螯合物是由中心离子与多齿配体形成的具有环状结构的配合物，螯合物中以五元环、六元环最稳定，且形成的环越多越稳定。螯合物大多具有特征颜色。

【实验仪器与试剂】

1. 仪器　试管，胶头滴管。

2. 试剂　$CuSO_4$（$0.1mol \cdot L^{-1}$），$BaCl_2$（$0.1mol \cdot L^{-1}$），$NaOH$（$2mol \cdot L^{-1}$），$NH_3 \cdot H_2O$（$2mol \cdot L^{-1}$，$6mol \cdot L^{-1}$），$FeCl_3$（$0.1mol \cdot L^{-1}$），$K_3[Fe(CN)_6]$（$0.1mol \cdot L^{-1}$），$KSCN$（$1mol \cdot L^{-1}$），$NH_4Fe(SO_4)_2$（$0.1mol \cdot L^{-1}$），$AgNO_3$（$0.1mol \cdot L^{-1}$），$NaCl$（$0.1mol \cdot L^{-1}$），KI（$0.1mol \cdot L^{-1}$，$2mol \cdot L^{-1}$），$HgCl_2$（$0.1mol \cdot L^{-1}$），$SnCl_2$（$0.1mol \cdot L^{-1}$），$CaCl_2$（$0.1mol \cdot L^{-1}$），Na_2H_2Y（$0.1mol \cdot L^{-1}$），Na_2CO_3（$0.1mol \cdot L^{-1}$），H_2SO_4（$1mol \cdot L^{-1}$），$NH_3 \cdot H_2O$-NH_4Cl 缓冲溶液（$0.1mol \cdot L^{-1}$，pH=10）pH 试纸，铬黑 T 指示剂。

【实验步骤】

1. 配离子的生成和组成形式（表6-1）

（1）取 2 支试管，各加入 20 滴 $0.1mol \cdot L^{-1} CuSO_4$ 溶液，然后分别加入 3~5 滴 $0.1mol \cdot L^{-1} BaCl_2$ 溶液，3~5 滴 $2mol \cdot L^{-1} NaOH$ 溶液，观察现象并加以解释。

（2）取 2 支试管，各加入 20 滴 $0.1mol \cdot L^{-1} CuSO_4$ 溶液，各加入 $6mol \cdot L^{-1} NH_3 \cdot H_2O$ 至生成的沉淀又溶解，再多加几滴，得深蓝色的溶液。然后分别加入 3~5 滴 $0.1mol \cdot L^{-1} BaCl_2$ 溶液、3~5 滴 $2mol \cdot L^{-1} NaOH$ 溶液，观察是否有沉淀生成。根据上面实验的结果，

说明 $CuSO_4$ 和 $NH_3 \cdot H_2O$ 所形成的配位化合物的组成。

表 6-1 配离子的生成和组成形式

编号	实验现象	实验解释
1		
2		

2. 简单离子与配离子、配离子与复盐的性质比较（表 6-2）

（1）$FeCl_3$ 和 $K_3[Fe(CN)_6]$ 的性质比较：取 2 支试管，分别加入 3~5 滴 $0.1mol \cdot L^{-1}$ $FeCl_3$ 溶液和 3~5 滴 $0.1mol \cdot L^{-1}K_3[Fe(CN)_6]$ 溶液，然后各加 5 滴水，再各加入 3~5 滴 $1mol \cdot L^{-1}$KSCN 溶液，观察有何变化并加以解释。

（2）复盐的性质：取 3 支试管，各加入 3~5 滴 $NH_4Fe(SO_4)_2$（$0.1mol \cdot L^{-1}$）溶液，然后分别在第 1 个试管加入 3~5 滴 $2mol \cdot L^{-1}$NaOH 溶液并在试管口放上湿润 pH 试纸，第 2 个试管加入 3~5 滴 $1mol \cdot L^{-1}$KSCN 溶液，第 3 个试管加入 3~5 滴 $0.1mol \cdot L^{-1}BaCl_2$ 溶液，观察有何变化并加以解释。

表 6-2 简单离子与配离子、配离子与复盐的性质比较

编号	实验现象	实验解释
1		
2		

3. 配位平衡的移动（表 6-3）

（1）酸碱平衡的影响：在试管中加入 20 滴 $0.1mol \cdot L^{-1}CuSO_4$ 溶液，逐滴加入 $6mol \cdot L^{-1}$ $NH_3 \cdot H_2O$，观察有无沉淀生成。继续加入 $NH_3 \cdot H_2O$ 直至生成的沉淀完全溶解，在此溶液中加入 10 滴 $1mol \cdot L^{-1}H_2SO_4$ 溶液，观察现象，溶液颜色有何变化并加以解释。继续加入 H_2SO_4 至溶液呈酸性，又有何变化并加以解释。

（2）沉淀平衡的影响：在试管中加入 10 滴 $0.1mol \cdot L^{-1}AgNO_3$ 溶液，再加 3~5 滴 $0.1mol \cdot L^{-1}NaCl$ 溶液，在生成的沉淀中加入 $6mol \cdot L^{-1}NH_3 \cdot H_2O$ 至沉淀刚好溶解。再向溶液中加入 1 滴 $0.1mol \cdot L^{-1}NaCl$ 溶液，观察是否有 AgCl 白色沉淀生成。再加 1 滴 $0.1mol \cdot L^{-1}KI$ 溶液，观察有无 AgI 沉淀生成，解释现象。

（3）氧化还原平衡的影响：向一盛有 10 滴 $0.1mol \cdot L^{-1}HgCl_2$ 溶液的试管中，逐滴加入 $0.1mol \cdot L^{-1}KI$ 溶液至生成的红色沉淀消失后，再逐滴加入 $0.1mol \cdot L^{-1}SnCl_2$ 溶液，观察现象并加以解释。

表 6-3 配位平衡的移动

编号	实验现象	实验解释
1		
2		
3		

4. 螯合物的生成（表 6-4）　向试管中加入 5 滴 0.1mol·L^{-1}CaCl$_2$ 溶液，加入 2mL pH=10 的缓冲溶液，加 2 滴铬黑 T 指示剂，再加入 20 滴 EDTA（0.1mol·L^{-1}）溶液，观察试管中的现象并加以解释。

表 6-4　螯合物的生成

编号	实验现象	实验解释
1		

【注意事项】

HgCl$_2$ 剧毒，使用时要注意安全。

【思考题】

1. 配合物与复盐的区别是什么？
2. 配离子与简单离子有什么不同？
3. 哪些因素影响配离子的平衡移动？
4. 配离子的解离平衡与难溶电解质的沉淀溶解平衡的关系是什么？
5. 螯合物的结构特征与什么有关？

（锦州医科大学　付纯刚）

实验七 硫酸铜的制备

【实验目的】

1. 了解由不活泼金属与酸作用制备盐的方法。
2. 学习重结晶法提纯物质的原理与方法。
3. 进一步掌握水浴加热、蒸发、浓缩等基本操作。
4. 学习用热重分析仪测试和绘制硫酸铜的热重分析曲线。

【实验原理】

铜在金属活动顺序表中排在氢之后,不能用金属铜与稀硫酸直接反应的方法制备硫酸铜。工业上是将铜粉烧成氧化铜,再与适当浓度的硫酸反应生成硫酸铜。本实验采用浓 HNO_3 作氧化剂,以废铜屑与硫酸、浓硝酸作用来制备硫酸铜。反应式为:

$$Cu + 2HNO_3 + H_2SO_4 = CuSO_4 + 2NO_2\uparrow + 2H_2O$$

溶液中除生成硫酸铜外,还含有一定量的硝酸铜和其他一些可溶性杂质或不溶性杂质。不溶性杂质可以通过过滤除去,可溶性杂质及硝酸铜可以利用它们在水中溶解度的不同(表7-1),用结晶法进行分离提纯。

由表7-1可知,$Cu(NO_3)_2$ 在水中的溶解度无论在高温或低温下都比 $CuSO_4$ 大得多。因此,当热溶液冷却到一定温度时,硫酸铜首先达到饱和而开始从溶液中析出结晶,随着温度的继续下降,$CuSO_4 \cdot 5H_2O$ 不断从溶液中析出,硝酸铜则大部分仍留在溶液中,只有小部分随着硫酸铜析出。这小部分的硝酸铜和其他一些可溶性杂质可再经重结晶的方法除去,最终制备得到纯的硫酸铜。

表7-1 $CuSO_4$ 和 $Cu(NO_3)_2$ 在水中的溶解度(g/100g H_2O)

	0℃	20℃	40℃	60℃	80℃
$CuSO_4 \cdot 5H_2O$	23.2	32.3	46.2	61.1	83.8
$Cu(NO_3)_2 \cdot 6H_2O$	81.8	125.1			
$Cu(NO_3)_2 \cdot 3H_2O$			159.8	178.8	207.8

【实验仪器与试剂】

1. 仪器 布氏漏斗,吸滤瓶,托盘天平,烧杯,玻璃棒,量筒,滤纸,蒸发皿,热重分析仪。

2. 试剂 浓 HNO_3,H_2SO_4(3mol·L^{-1}),铜屑。

【实验步骤】

1. 硫酸铜粗品的制备 用托盘天平称取 4.5g 铜屑,将它置于干燥的蒸发皿中,将铜屑用强火灼烧,除去表面的油污,表面变黑后,让其自然冷却。

向装有铜屑的蒸发皿中加入 16mL 3mol·L^{-1} H_2SO_4,然后缓慢地分批加入 7mL 浓 HNO_3(反应过程中会产生大量有毒的二氧化氮气体,操作应在通风橱内进行)。待反应平缓后,盖上表面皿,放在水浴上加热。如果蒸发皿中剩余较多的铜,可再滴加 1~2mL 浓 HNO_3,直到铜完全溶解为止。趁热用倾泻法将溶液转至一个小烧杯中,留下不溶性杂质,然后再将硫酸铜溶液转回洗净的蒸发皿中,在水浴上缓慢加热浓缩,不断搅拌,当溶液表面有晶膜出现时停止加热。将溶液冷却到室温，待晶体析出后，用布氏漏斗抽滤。称重，计算产率。

2. 硫酸铜的提纯　用重结晶法提纯硫酸铜。将制备的粗产品按每克 1.2mL 水的比例溶于蒸馏水中，加热使硫酸铜完全溶解。趁热过滤，滤液收集在一个小烧杯中，让其慢慢冷却，即有晶体析出（如无晶体析出，可在水浴上再加热蒸发，使其结晶）。完全冷却后，用倾泻法除去母液，晶体用滤纸吸干。称重，计算产率。

3. 热重曲线的绘制　用分析天平称取 5～15mg 硫酸铜，倒入坩埚中，在空气或氮气气氛中，以 10～20℃/min 的升温速率在室温至 700℃的温度范围内，测试 $CuSO_4·5H_2O$ 的热重分析曲线。

【实验结果和数据处理】

$CuSO_4·5H_2O$ 的产率见表 7-2。

表 7-2　$CuSO_4·5H_2O$ 的产率

铜屑重量（g）	$CuSO_4·5H_2O$ 粗品		$CuSO_4·5H_2O$ 纯品	
	重量（g）	产率（%）	重量（g）	产率（%）

热重分析曲线作图：以温度为横坐标，硫酸铜的质量为纵坐标绘制热重分析曲线，并分析硫酸铜在加热过程中所发生的化学变化。

【思考题】

1. 为什么在通风橱内向铜屑中加浓硝酸？为什么要缓慢、分批加入？
2. 为什么用水浴蒸发？
3. 为什么 1g 粗产品加 1.2mL 水溶解？
4. 趁热过滤操作时，漏斗要预热吗？热过滤操作要注意什么？
5. 现有 $CuSO_4$ 废液，欲制备纯净的 $CuSO_4$ 晶体，试设计实验步骤。

（锦州医科大学　刘佳川）

实验八　三草酸根合铁（Ⅲ）酸钾的制备及光化学性质

【实验目的】

1. 三草酸根合铁（Ⅲ）酸钾的制备方法。

2. 试验三草酸根合铁（Ⅲ）酸钾的光化学性质。

3. 学习用热重分析仪测试和绘制三草酸根合铁（Ⅲ）酸钾的热重分析曲线。

【实验原理】

三草酸根合铁（Ⅲ）酸钾 $K_3[Fe(C_2O_4)_3]·3H_2O$ 为绿色单斜晶体，溶于水但不溶于乙醇。本实验用氢氧化铁和草酸氢钾反应，生成三草酸根合铁（Ⅲ）酸钾。它在日光直射或强光下分解生成草酸亚铁，遇铁氰化钾生成腾氏蓝。反应为：

$$Fe(OH)_3 + 3KHC_2O_4 =\!=\!= K_3[Fe(C_2O_4)_3] + 3H_2O \tag{1}$$

$$K_3[Fe(C_2O_4)_3] \xrightarrow{hr} 2FeC_2O_4 + 3K_2C_2O_4 + 2CO_2 \tag{2}$$

$$3FeC_2O_4 + 2K_3[Fe(CN)_6] =\!=\!= Fe_3[Fe(CN)_6]_2 + 3K_2C_2O_4 \tag{3}$$

因此，在实验室中可作成感光纸，进行感光实验。

【实验仪器与试剂】

1. 仪器　托盘天平，吸滤装置，烧杯，蒸发皿，热重分析仪。

2. 试剂　NaOH（6mol·L^{-1}），10%H$_2$O$_2$，(NH$_4$)$_2$Fe(SO$_4$)$_2$·6H$_2$O（分析纯），H$_2$C$_2$O$_4$·2H$_2$O（分析纯），K$_2$CO$_3$（分析纯），K$_3$[Fe(CN)$_6$]（分析纯）。

【实验步骤】

1. 制备

（1）制取氢氧化铁：称取(NH$_4$)$_2$Fe(SO$_4$)$_2$·6H$_2$O 5g，加约 100mL 水配成溶液，在水浴加热和搅拌下，滴加约 7mL 6mol·L^{-1}NaOH 溶液生成沉淀；为加速反应可滴加 10%的 H$_2$O$_2$，当变成棕色后，再煮沸十几分钟，稍冷后吸滤，用少量水洗一次。

（2）制取草酸氢钾：在约 40mL 水中加入 5g H$_2$C$_2$O$_4$·2H$_2$O 后，加入 3g K$_2$CO$_3$ 生成 KHC$_2$O$_4$ 溶液。

（3）制备三草酸根合铁（Ⅲ）酸钾：将 KHC$_2$O$_4$ 溶液水浴加热，在搅拌下加入 Fe(OH)$_3$，观察溶液的颜色。稍冷后吸滤，用蒸发皿将滤液浓缩到原体积的 1/2 左右，用水彻底冷却。待大量晶体析出后吸滤，并用少量乙醇洗一次，用滤纸吸干，称重计算产率。

2. 光化学性质　按 1g K$_3$[Fe(C$_2$O$_4$)$_3$]·3H$_2$O、1.3g K$_3$[Fe(CN)$_6$]，加水 10mL 的比例配成溶液，涂在纸上即成感光纸（黄色）。附上图案或照相底板在日光直照下（数秒）或红外灯下，曝光部分呈现蓝色，被遮盖没有曝光部分即显影映出图案来。

3. 热重曲线的绘制　用分析天平称取 5～15mg 三草酸根合铁（Ⅲ）酸钾，倒入坩埚中，在空气或氮气气氛中，以 10～20℃/min 的升温速率在室温至 700℃ 的温度范围内，测试 K$_3$[Fe(C$_2$O$_4$)$_3$]·3H$_2$O 的热重分析曲线。

【实验结果和数据处理】

热重分析曲线作图：以温度为横坐标，三草酸根合铁（Ⅲ）酸钾的质量为纵坐标绘制热重分析曲线，并分析三草酸根合铁（Ⅲ）酸钾在加热过程中所发生的化学变化。

【思考题】

1. 写出$[Fe(C_2O_4)_3]^{3-}$的结构式。
2. 在配制三草酸根合铁酸钾性质实验溶液时，应当特别注意什么？
3. 如果从废铁屑出发来制备三草酸根合铁酸钾时应当怎样进行？用图示表示。

（锦州医科大学　王　朋）

实验九　银溶胶的制备及光学性质测定

【实验目的】
1. 学习纳米银胶体材料的制备及其稳定性测试的原理和方法。
2. 学习使用紫外及荧光光谱测定银溶胶的光学性质。

【实验原理】
贵金属胶体在光学材料、催化、微电极、生物工程及医药试剂盒领域均有广泛的应用，如现在广泛采用的金溶胶法试剂条/卡，可快速、简便地进行医疗检测。银溶胶的制备：用柠檬酸钠还原 $AgNO_3$ 生成银溶胶；柠檬酸被氧化生成 $HOOCCH_2COCH_2COOH$ 及 CO_2。

【实验仪器与试剂】
1. **仪器**　纳米激光粒度仪，荧光分光光度计，紫外-可见分光光度计，电磁加热搅拌器，平底三颈烧瓶，结晶皿，硅油，滴管，回流冷凝管、电子天平。
2. **试剂**　柠檬酸钠，$AgNO_3$，去离子水。

【实验步骤】
1. **银溶胶的制备**
（1）溶液的配制，准确称取 5mg $AgNO_3$，溶于 100mL 蒸馏水中；准确称取 6mg 柠檬酸钠溶于 5mL 蒸馏水中。
（2）将 100mL $AgNO_3$ 装入三颈烧瓶中，放入结晶皿中，加入硅油，200℃加热，电磁搅拌，接好回流冷凝管，在溶液微沸时，迅速加入柠檬酸钠溶液，同时将控温温度降至 120℃，回流反应 45min，使反应完全。
（3）自然冷却至室温，取样进行粒度分析及光学性质测定。

2. **吸光度曲线**　用吸管分别取 10mL 银溶胶于小烧杯中，超声波分散 2min，取 1cm 的比色皿，分别测得银溶胶在 190～600nm 范围内的紫外吸收曲线及荧光吸收、发射峰的位置；分别用紫外-可见分光光度计及荧光分光光度计测量所得银溶胶的吸光度曲线，放置 15min 后，再次测量吸光度曲线。

3. **粒径分散的测定**　用吸管分别取 10mL 银溶胶于小烧杯中，超声波分散 2min，用纳米激光粒度仪测所得银溶胶的粒径分布，记录下粒径分布曲线；放置 15min 后，再次测粒径分布，记录粒径分布曲线。

【实验结果和数据处理】
1. **粒径作图**　以粒径为横坐标，动态光散射强度为纵坐标绘制粒径分布曲线。
2. **吸收曲线作图**　以波长为横坐标，以吸收/发射峰强度为纵坐标绘制光学性质曲线。

【注意事项】
1. 注意加热搅拌器温度探头的位置，一定要浸没在硅油浴中。
2. 比色皿应先用去离子水淋洗，然后用待测溶液冲洗 2～3 次。
3. 取放比色皿时，手拿毛玻璃面，使透光玻璃面通过光路。

【思考题】
哪些因素会影响银溶胶的稳定性及光学性质？

（锦州医科大学　陈震华）

实验十　金溶胶的制备及光学性质测定

【实验目的】
1. 学习金胶体材料的制备及其稳定性测试的原理和方法。
2. 学习使用紫外及荧光光谱测定金胶体的光学性质。

【实验原理】
贵金属胶体在光学材料、催化、微电极、生物工程及医药试剂盒领域均有广泛的应用,如现在广泛采用的金溶胶法试剂条/卡,可快速、简便地进行医疗检测。用 NaC_2O_4 还原 $HAuCl_4$,采用PVP(K30,聚乙烯吡咯烷酮)作为稳定剂制备金溶胶。

【实验仪器与试剂】
1. **仪器**　纳米激光粒度仪,荧光分光光度计,紫外-可见分光光度计,电磁加热搅拌器,平底三颈烧瓶,结晶皿,硅油,滴管,回流冷凝管、电子天平。
2. **试剂**　PVP(K30,聚乙烯吡咯烷酮),$Na_2C_2O_4$,$HAuCl_4$,去离子水。

【实验步骤】
1. **金溶胶的制备**
(1) 溶液的配制,准确称取 0.1mg $HAuCl_4$,溶于 1000mL 蒸馏水中;准确称取 $5mg Na_2C_2O_4$,溶于 500 mL 蒸馏水中;准确称取 10mg PVP 溶于 500mL 蒸馏水中。
(2) 将 100mL $HAuCl_4$ 装入三颈烧瓶中,放入结晶皿中,加入硅油,200℃加热,电磁搅拌,接好冷凝回流管,在溶液微沸时,迅速加入 10mL $Na_2C_2O_4$ 溶液,10mL PVP 溶液,同时将控温温度降至 120℃,回流反应 25min,使反应完全。此时可观察到淡黄色的氯金酸水溶液在柠檬酸钠(又称枸橼酸纳)加入后很快变成灰色,续而转成黑色,随后逐渐稳定成红色。全过程 2~3min。
(3) 自然冷却至室温,取样进行粒度分析及光学性质测定。
2. **吸光度的测定**　用吸管分别取 10mL 金溶胶于小烧杯中,超声波分散 2min,取 1cm 的比色皿,分别测得金银溶胶在 190~600nm 范围内的紫外吸收曲线及荧光吸收、发射峰的位置;分别用紫外-可见分光光度计及荧光分光光度计测量所得金溶胶的吸光度曲线,放置 15min 后,再次测量吸光度曲线;
3. **粒径分散的测定**　用吸管分别取 10mL 金溶胶于小烧杯中,超声波分散 2min,用纳米激光粒度仪测所得金溶胶的粒径分布,记录下粒径分布曲线;放置 15min 后,再次测粒径分布,记录粒径分布曲线。

【实验结果和数据处理】
1. **粒径作图**　以粒径为横坐标,动态光散射强度为纵坐标绘制粒径分布曲线。
2. **吸收曲线作图**　以波长为横坐标,以吸收/发射峰强度为纵坐标绘制光学性质曲线。

【注意事项】
1. 注意加热搅拌器温度探头的位置,一定要浸没在硅油浴中。
2. 比色皿应先用去离子水淋洗,然后用待测溶液冲洗 2~3 次。

3. 取放比色皿时，手拿毛玻璃面，使透光玻璃面通过光路。

【思考题】

1. 金溶胶的的制备之中为什么要加入PVP？
2. 哪些物质会影响金溶胶的稳定性？

（锦州医科大学　陈震华）

实验十一 化学反应速率和化学平衡

【实验目的】
1. 学会化学反应速率测定方法。
2. 熟悉浓度、温度、催化剂对化学反应速率的影响。
3. 加深浓度、温度对化学平衡影响的理解。

【实验原理】

化学反应速率用单位时间内反应物或生成物浓度的改变来表示。化学反应速率的快慢，首先决定于反应物的本性，其次受外界条件——浓度、温度、催化剂等影响。温度主要影响反应速率常数的大小，其关系可用阿累尼乌斯公式来表示，即 $k=Ae^{-E_a/RT}$，可见温度对反应速率有显著影响。催化剂的存在也可以改变反应速率。

在水溶液中，过硫酸铵[$(NH_4)_2S_2O_8$]和碘化钾（KI）发生反应的离子方程式：

$$S_2O_8^{2-} + 3I^- = 2SO_4^{2-} + I_3^- \tag{1}$$

该反应的反应速率以 $S_2O_8^{2-}$ 浓度的变化来表示

$$v = -\frac{\Delta c_{S_2O_8^{2-}}}{\Delta t} = kc_{S_2O_8^{2-}}^m c_{I^-}^n$$

为测出反应（1）在 Δt 时间内的 $\Delta c_{S_2O_8^{2-}}$，可在混合 $(NH_4)_2S_2O_8$、KI 溶液之前，加入已知浓度、一定体积的 $Na_2S_2O_3$ 和淀粉溶液。在反应（1）进行的同时，溶液中也发生了下列反应：

$$2S_2O_3^{2-} + I_3^- = S_4O_6^{2-} + 3I^- \tag{2}$$

由于反应（2）比反应（1）速率快得多，几乎瞬间完成，因此反应生成的 I_3^- 立即与 $S_2O_3^{2-}$ 反应，生成无色的 $S_4O_6^{2-}$ 和 I^-，因而反应开始时看不到蓝颜色。一旦耗尽 $Na_2S_2O_3$，反应生成的微量 I_3^- 就会立即与淀粉作用，溶液由无色变为深蓝色。

从反应（1）和反应（2）中有关物质反应系数可知，在上述反应过程中，相同的时间内，$S_2O_8^{2-}$ 浓度减少量应为 $S_2O_3^{2-}$ 浓度减少量的一半，即

$$\Delta c_{S_2O_8^{2-}} = \frac{1}{2}\Delta c_{S_2O_3^{2-}}$$

其中 $\Delta c_{S_2O_3^{2-}}$ 等于 $Na_2S_2O_3$ 的起始浓度，因为溶液出现蓝色，就表明 $S_2O_3^{2-}$ 几乎耗尽。因此，不需要测出浓度变化，就可直接以下式计算该反应的反应速率。

$$v = -\frac{\Delta c_{S_2O_8^{2-}}}{\Delta t} = -\frac{\Delta c_{S_2O_3^{2-}}}{2\Delta t}$$

由于该反应的速率常数 k 在一定温度下为定值，我们在同一温度下分别测定不同浓度的反应速率 $\frac{\Delta c_{S_2O_8^{2-}}}{\Delta t}$，根据公式 $v = kc_{S_2O_8^{2-}}^m c_{I^-}^n$，即可计算出 m、n 和 k。

m 和 n 是不随温度改变的数值，我们根据公式 $v = kc_{S_2O_8^{2-}}^m c_{I^-}^n$ 测定不同温度下的速率常数 k，可根据如下关系式计算反应的活化能 E_a。

$$2.303\lg\frac{k_2}{k_1} = \frac{E_a}{R} \cdot \frac{T_2 - T_1}{T_1 \cdot T_2}$$

【实验仪器与试剂】

1. 仪器 大试管,烧杯(100mL),量筒(10mL),温度计,热水浴,秒表。

2. 试剂 $(NH_4)_2S_2O_8$($0.2mol \cdot L^{-1}$),KI($0.2mol \cdot L^{-1}$),$Na_2S_2O_3$($0.01mol \cdot L^{-1}$),0.2%淀粉溶液,KNO_3($0.2mol \cdot L^{-1}$),$Cu(NO_3)_2$($0.02mol \cdot L^{-1}$),$(NH_4)_2SO_4$($0.20mol \cdot L^{-1}$),冰块。

【实验步骤】

1. 浓度对化学反应速率的影响 室温下,按表11-1的实验序号1中的用量,用三个不同的量筒分别量取KI、$Na_2S_2O_3$和淀粉溶液于100mL洁净干燥的烧杯中,用玻璃棒搅拌均匀。量取$(NH_4)_2S_2O_8$溶液后,迅速倒入烧杯中,同时按动秒表计时。期间不断搅拌,仔细观察。当溶液刚开始出现蓝色时,立即按停秒表,记录反应时间,计算出该反应的反应速率,填写下表。室温下,用同样的方法进行试验序号2~5。

表 11-1 化学反应速率的测定和浓度对化学反应速率的影响

	反应温度(℃)					
	实验序号	1	2	3	4	5
试剂及用量(ml)	$0.20mol \cdot L^{-1}$的KI	10.0	10.0	10.0	5.0	2.5
	$0.01mol \cdot L^{-1} Na_2S_2O_3$	4.0	4.0	4.0	4.0	4.0
	0.2%淀粉溶液	2.0	2.0	2.0	2.0	2.0
	$0.20mol \cdot L^{-1} KNO_3$	0.0	0.0	0.0	5.0	7.5
	$0.20mol \cdot L^{-1} (NH_4)_2SO_4$	0.0	5.0	7.5	0.0	0.0
	$0.20mol \cdot L^{-1} (NH_4)_2S_2O_8$	10.0	5.0	2.5	10.0	10.0
	记录反应时间 Δt(s)					

2. 温度对化学反应速率的影响 按表11-1实验序号4中的用量,在烧杯中加入KI、$Na_2S_2O_3$、淀粉溶液和KNO_3溶液并混合均匀,在另一支大试管中加入$(NH_4)_2S_2O_8$溶液,将烧杯和试管同时置于冰水浴放置5min,然后迅速将$(NH_4)_2S_2O_8$溶液倒入烧杯中,立即用秒表计时并不断搅动,当溶液刚出现蓝色时,按停秒表,记录反应的时间和温度。

在冰水浴、室温及高于室温10℃和20℃左右的水浴下,重复实验序号4。这样可得到4个不同温度下的反应速率和速率常数k。可知温度对化学反应速率的影响,并计算活化能E_a。

3. 催化剂对化学反应速率的影响 Cu^{2+}可催化$(NH_4)_2S_2O_8$和KI的反应。按表11-1实验序号4中的用量,分别量取KI、$Na_2S_2O_3$、淀粉溶液和KNO_3溶液加入到100mL烧杯中,另加入2滴$0.02mol \cdot L^{-1}$的$Cu(NO_3)_2$溶液,搅匀后,迅速加入$(NH_4)_2S_2O_8$溶液,立即按下秒表计时并不断搅动,当溶液刚出现蓝色时,按停秒表,记录反应的时间。计算出此时的反应速率并与实验序号4的反应速率比较,可知催化剂对化学反应速率的影响。

【实验记录与数据处理】

实验记录与数据处理见表11-2~表11-4。

表 11-2 浓度对化学反应速率的影响

实验编号	1	2	3	4	5
反应时间 t(s)					
反应速率 v					
反应级数	$m=$_____, $n=$_____, $m+n=$_____				
速率常数 k					
平均速率常数					
结论					

表 11-3 温度对化学反应速率的影响

实验序号	4	6	7	8
反应温度(℃)				
反应时间 t(s)				
反应速率 v				
速率常数 k				
反应的活化能 E_a				
结论				

表 11-4 催化剂对化学反应速率的影响

实验序号	4	9
反应时间 t(s)		
结论		

【思考题】

1. 在实验中,加入 KNO_3 溶液或 $(NH_4)_2SO_4$ 溶液的主要作用是什么?能否用蒸馏水代替?

2. 实验中用反应溶液出现蓝色的时间长短来计算反应速率,说明原因;反应溶液出现蓝色后,反应是否就中止了?

3. 根据实验说明浓度、温度和催化剂对化学反应速率的影响。

(锦州医科大学　庄鹏飞)

实验十二　滴定分析操作练习

【实验目的】
1. 掌握滴定分析仪器的正常洗涤方法、使用方法和滴定操作技术。
2. 学会正确判断滴定终点及准确的读数方法。

【实验仪器与试剂】
1. **仪器**　碱式滴定管、酸式滴定管。
2. **试剂**　NaOH（s）、浓 HCl、甲基橙指示剂、酚酞指示剂。

【实验步骤】
1. **玻璃仪器的准备**　洗净碱式滴定管和酸式滴定管各一支，并检查是否漏水（碱式滴定管漏水需更换玻璃球或胶管，酸式滴定管漏水应重新涂凡士林）。
2. **0.1mol·L^{-1} NaOH 的配制**　称取 4.0g 固体 NaOH，溶于 1000mL 新煮沸过的冷蒸馏水中，摇匀，冷却后备用。
3. **0.1mol·L^{-1} HCl 的配制**　用量筒量取 9mL 浓 HCl，倾入预先盛有 200mL 蒸馏水的试剂瓶中，加水稀释至 1000mL，摇匀备用。
4. **酸式滴定管滴定练习**　将碱式滴定管用 0.1mol·L^{-1}NaOH 溶液润洗三次后，装满 NaOH 溶液，排净气泡并调节至 0.00 刻度。以每分钟 10mL 的速度放出 20.00mL 的 NaOH 溶液于 250mL 的锥形瓶中，加入两滴甲基橙指示剂，溶液呈黄色。

    将酸式滴定管用 0.1mol·L^{-1}HCl 溶液润洗三次后，装满 HCl 溶液，排净气泡并调节至 0.00 刻度。用此滴定管对锥形瓶中的 NaOH 溶液进行滴定，滴定至溶液呈橘红色，记下消耗的 HCl 溶液的体积。再从碱式滴定管中放出 2.00mL NaOH 溶液加入此锥形瓶中，溶液重新呈黄色，继续用 HCl 溶液滴定至橘红色，记下消耗的 HCl 溶液的体积。如此反复进行，每次均加入 2.00mL NaOH 溶液于此锥形瓶中，用 HCl 溶液滴定至橘红色，得到一系列 HCl 的滴定数据（累积体积），至少滴定五组，计算历次滴定的体积比 V_{HCl}/V_{NaOH}。
5. **碱式滴定管滴定练习**　从酸式滴定管中放出 20.00mL HCl 溶液于 250mL 锥形瓶中，加入两滴酚酞指示剂。用 NaOH 溶液进行滴定，滴定至溶液呈浅红色，记下消耗的 NaOH 溶液的体积。再从酸式滴定管中放出 2.00mL 的 HCl 溶液加入此锥形瓶中，溶液重新变为无色，继续用 NaOH 溶液滴定至浅红色，记下消耗的 NaOH 溶液的体积。如此反复进行，至少滴定五组，计算历次滴定的体积比 V_{NaOH}/V_{HCl}。

【实验记录与数据处理】
实验记录与数据处理见表 12-1、表 12-2。

表 12-1　HCl 滴定 NaOH

V_{NaOH}（mL）	V_{HCl}（mL）	V_{HCl}/V_{NaOH}
20.00		
22.00		
24.00		
26.00		
28.00		

表 12-2 NaOH 滴定 HCl

V_{HCl} (mL)	V_{NaOH} (mL)	V_{NaOH}/V_{HCl}
20.00		
22.00		
24.00		
26.00		
28.00		

【思考题】

滴定分析中使用的锥形瓶是否需要干燥？是否需要用被滴定溶液润洗？

（锦州医科大学 庄鹏飞）

实验十三 氢氧化钠标准溶液的配制与标定

【实验目的】
1. 掌握氢氧化钠溶液的配制和标定方法。
2. 继续熟练减量法称量固体物质。
3. 掌握滴定操作和滴定终点的判断。

【实验原理】
酸碱滴定中使用的碱标准溶液常用 NaOH 来配制。由于 NaOH 不够稳定，易吸收空气中的 CO_2 和水分，也不易获得纯品，所以只能先配制成近似浓度然后再标定。

用于标定碱溶液的基准物质很多，如草酸（$H_2C_2O_4 \cdot 2H_2O$）、苯甲酸（$C_7H_6O_2$）、邻苯二甲酸氢钾（$KHC_8H_4O_4$）等。最常用的是邻苯二甲酸氢钾，滴定反应如下：

$$\text{C}_6\text{H}_4(\text{COOH})(\text{COOK}) + \text{NaOH} \longrightarrow \text{C}_6\text{H}_4(\text{COONa})(\text{COOK}) + \text{H}_2\text{O}$$

达到化学计量点时，溶液呈弱碱性，通常选酚酞为指示剂，终点由无色到微红色。由于空气中的 CO_2 可使酚酞的红色褪去，故滴至溶液显微红色，在半分钟内不褪色为止。

【实验仪器与试剂】
1. **仪器** 碱式滴定管（25mL），锥形瓶（250mL），量筒（100mL），容量瓶（200mL），烧杯（100mL，50mL），试剂瓶（500mL），橡皮塞，玻璃棒。
2. **试剂** 氢氧化钠（分析纯），邻苯二甲酸氢钾（分析纯），酚酞指示剂。

【实验步骤】
1. **0.1mol·L^{-1}NaOH标准溶液的配制** 用托盘天平称取 NaOH 约 2.0g，倒入装有 50mL 蒸馏水的烧杯中，搅拌均匀使之溶解后转入 500mL 试剂瓶中，向其中加蒸馏水至总体积约为 500mL，盖上胶塞，混合均匀即可。

2. **NaOH 溶液（0.1mol·L^{-1}）的标定** 用减量法精密称取 105～110℃干燥至恒重的基准物邻苯二甲酸氢钾 3.6～4.2g 于 100mL 烧杯中，加适量水，搅拌使邻苯二甲酸氢钾溶解，将溶液转移到 200mL 容量瓶中，把玻璃棒和烧杯再洗涤三次，洗涤液也合并到容量瓶中，最后将容量瓶中的溶液稀释至刻度，摇匀。用移液管移取 20.00mL 邻苯二甲酸氢钾溶液于 250mL 锥形瓶中，加酚酞指示剂 2 滴，用氢氧化钠标准溶液滴定至溶液呈浅红色，且半分钟不褪色为止，记录所消耗的氢氧化钠溶液的体积。平行滴定三次，要求每两次滴定消耗 NaOH 溶液的体积之差不超过 0.10mL。根据所消耗的氢氧化钠溶液体积及邻苯二甲酸氢钾的质量计算氢氧化钠溶液的浓度。

【实验记录与结果处理】
氢氧化钠标准溶液的标定记录见表 13-1。

表13-1 氢氧化钠溶液的标定

记录项目	1	2	3
邻苯二甲酸氢钾质量（g）			
消耗氢氧化钠溶液的体积（mL）			

记录项目	1	2	3
消耗氢氧化钠溶液的平均体积（mL）			
氢氧化钠溶液浓度（mol·L⁻¹）			

计算公式：
$$c_{NaOH} = \frac{m_{KHC_8H_4O_4} \times \frac{20.00}{200.00}}{V_{NaOH} \times \frac{M_{KHC_8H_4O_4}}{1000}}$$

$$M_{KHC_8H_4O_4} = 204.2 \text{g} \cdot \text{mol}^{-1}$$

【注意事项】

1. 固体氢氧化钠应在表面皿上或在小烧杯中称量，不能在称量纸上称量。

2. 滴定之前，应检查橡皮管内和滴定管管尖处是否有气泡，如有气泡应予排除。

【思考题】

1. 配制标准碱溶液时，用台秤称取固体氢氧化钠是否会影响浓度的准确度？能否用纸称取固体氢氧化钠？为什么？

2. 用邻苯二甲酸氢钾为基准物质标定氢氧化钠溶液的浓度，若希望消耗氢氧化钠溶液（0.1mol·L⁻¹）约20mL，问应称取邻苯二甲酸氢钾多少克？

【附录】

滴定分析玻璃仪器及基本操作

滴定分析中常用的精密玻璃仪器包括滴定管、移液管和容量瓶，这三种仪器在计量液体的体积时可精确到0.01mL，只有正确掌握它们的使用规范才能达到应有的精度。

1. 仪器的清洗 此三种玻璃仪器使用前必须进行清洗，由于它们属于精密量具，因而清洗其内壁时不允许用去污粉和毛刷。一般可用自来水或各种洗液来洗。

（1）滴定管的洗涤：滴定管根据沾污的程度，可采用自来水、洗涤剂或铬酸洗液等清洗。若滴定管比较洁净，可直接用自来水冲洗。当其中有油污时可使用铬酸洗液洗涤。每次倒入10~15mL铬酸洗液于滴定管中（碱式滴定管需除去乳胶管，用胶帽堵住碱管下口）。然后将滴定管平端并不断转动，直到洗液布满整个管内壁。然后将洗液倒回原瓶，用自来水冲洗干净，最后用蒸馏水冲洗2~3次。并将管外壁擦干，以便观察内壁是否挂水珠。清洗碱式滴定管时，还要注意玻璃珠下方死角处的清洗。为此，在捏乳胶管时应不断改变方位，使玻璃珠的四周都洗到。

（2）移液管的洗涤：移液管可用自来水洗涤，再用蒸馏水洗净。污垢较多时可用铬酸洗液洗涤，用洗耳球吸取洗液进入移液管，然后再把洗液放回原瓶（或把移液管放入装有洗液的高玻璃缸中浸泡一段时间，再把洗液沥净）。然后依次用自来水、蒸馏水冲洗。

（3）容量瓶的洗涤：容量瓶可先用自来水冲洗，再用蒸馏水冲洗2~3次。容量瓶较脏时，可用铬酸洗液洗。使用铬酸洗液时先把容量瓶内的水尽量倒完，然后倒入洗液，盖上瓶塞，边转动边倾斜容量瓶，使洗液布满内壁，几分钟后把洗液倒回原瓶，然后依次用自来水、蒸馏水冲洗。

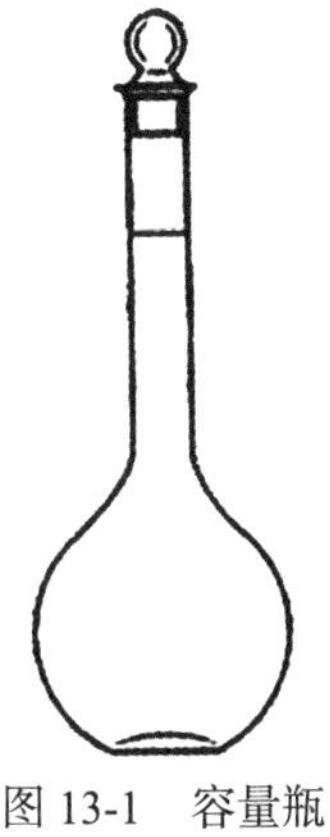

2. 容量瓶的使用 容量瓶是具有细长的颈和磨口玻璃塞（或塑料塞）的瓶子（图13-1）。塞与瓶应编号配套或用绳子相连接，以免弄错。

图13-1 容量瓶

容量瓶是用来精密配制一定体积的溶液的，容量瓶的瓶颈上有环状刻度，当瓶内液体的凹液面在所指定温度下达到标线处时，其体积即为瓶上所注明的容积数。一种规格的容量瓶只能量取一个量。

使用容量瓶配制溶液的方法是：

（1）试漏：在容量瓶内装入半瓶水，塞紧瓶塞，用右手示指顶住瓶塞，另一只手五指托住容量瓶底，将其倒立（瓶口朝下），观察容量瓶是否漏水。若不漏水，将容量瓶正立且将瓶塞旋转180°后，再次倒立，检查是否漏水，若两次操作，容量瓶瓶塞周围皆无水漏出，即表明容量瓶不漏水（图13-2）。经检查不漏水的容量瓶才能使用。

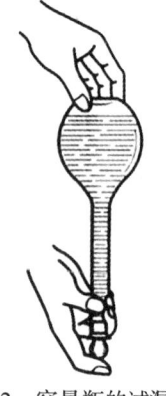

图13-2　容量瓶的试漏

（2）配制溶液：一般说来，为防止溶质在溶解过程中吸热或放热而引起容量瓶容积的变化，不允许固体溶质在容量瓶中溶解，需要在烧杯中溶解完成后再转移进容量瓶。即把准确称量好的固体溶质放在烧杯中，用少量溶剂溶解，然后把溶液转移到容量瓶里。转移时将烧杯和玻璃棒拿到容量瓶口的上方时方将玻璃棒从烧杯中取出，放入容量瓶中，玻璃棒尖端贴紧容量瓶内壁，使溶液沿玻璃棒缓缓流入容量瓶内。当烧杯内溶液全部转移结束后，慢慢扶正烧杯，然后将玻璃棒沿烧杯嘴慢慢向上提，将玻璃棒上浸润的溶液拉回到烧杯中，以避免烧杯与玻璃棒间的一滴溶液流到烧杯外。用少量蒸馏水洗涤烧杯壁和玻璃棒3～4次，每次洗涤液均按同样操作移入容量瓶内。然后向容量瓶中加蒸馏水（或其他溶剂），当溶液达到容量瓶容积的2/3时，将容量瓶沿水平方向摇晃，初步使溶液混匀，再加蒸馏水（或其他溶剂）至接近标线处约1cm处，改用滴管在刻度线上方，沿瓶颈内壁缓缓滴加蒸馏水（或其他溶剂），至溶液凹液面刚好与标线相切。盖好瓶塞，用示指压住瓶塞，另一只手的手指托住容量瓶底部，倒转容量瓶，使瓶内气泡上升到顶部，边倒转边摇动，如此反复多次，直到溶液混合均匀（图13-3）。

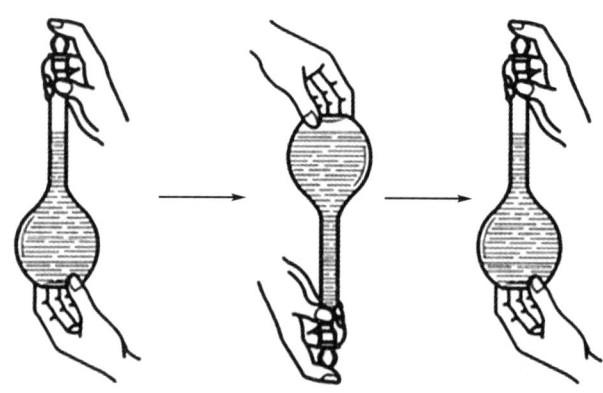

图13-3　用容量瓶混合溶液

容量瓶只能用于配制溶液，不能用于储存溶液，因为溶液可能会对瓶体进行腐蚀，从而使容量瓶的精度受到影响。

容量瓶使用后应及时洗涤干净，塞上瓶塞，当容量瓶长期存放时要在塞子与瓶口之间夹一条纸条，防止瓶塞与瓶口粘连。

3. 移液管的使用　移液管为精密转移一定体积溶液时用的一种玻璃量器，形状是中部吹成圆柱形，圆柱形以上及以下为较细的管颈，下部的管颈拉尖，上部的管颈刻有一环状刻度（图13-4）。

（1）润洗：为防止清洗移液管时管内残留的水分对待量取溶液的稀释，移液管需要事先用待量取的溶液润洗。具体操作如下：

将溶液从储备瓶中倒入烧杯中一部分，用洗耳球轻轻将溶液吸入滴定管一些，用右手示指堵住滴定管管口，取出移液管，然后将移液管平端，慢慢旋转几圈。将溶液从滴定管尖嘴倒入烧杯，然后把烧杯倾斜，旋转几圈（润洗烧杯壁），再把烧杯中的溶液沿移液管的外壁倒掉。这样润洗3次后，移液管壁和烧杯壁上的溶液与待取溶液浓度基本一致。

（2）移取溶液：将待量取的溶液倒入烧杯中，以右手拇指及中指捏住管颈标线以上的地方，将移液管插入烧杯中，左手拿洗耳球将溶液吸入滴定管内，眼睛注意正在上升的液面位置，当液面上升到刻度标线以上一段距离后，迅速用右手示指堵住管口，取出移液管，稍微松开右手示指，使液面缓缓下降，此时视线应平视标线，直到弯月面与标线相切，立即按紧示指，使液体不再流出，并使出口尖端接触容器外壁，以除去尖端外残留溶液。再将移液管移入准备接收溶液的容器中，使其出口尖端接触器壁，使容器微倾斜，移液管直立，然后放松右手示指，使溶液自由地顺壁流下，待溶液停止流出后，一般等待15s拿出（图13-5）。注意此时移液管尖端仍残留有一滴液体，不可吹出（如移液管上刻有"吹"、"快"字样除外）。

4. 滴定管的使用　滴定管分为酸式滴定管（图13-6A）和碱式滴定管（图13-6B）两种，其中酸式滴定管的下方为玻璃活栓，碱式滴定管是橡胶管中有一个玻璃球。酸式滴定管是滴定分析中经常使用的一种滴定管。除了强碱溶液外，其他溶液作为滴定液时一般均采用酸式滴定管。

图13-4　移液管

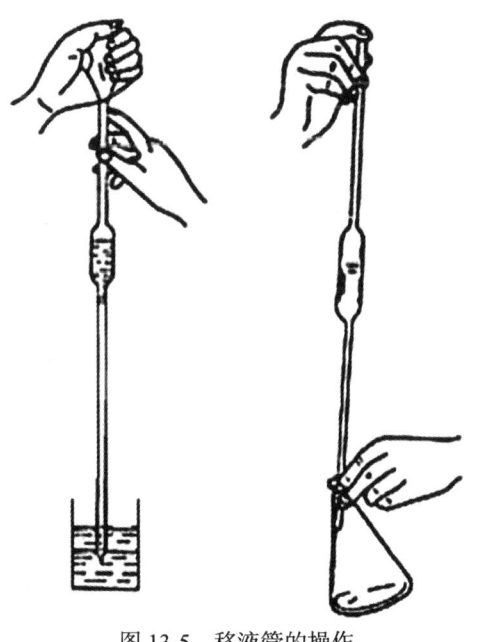

图13-5　移液管的操作

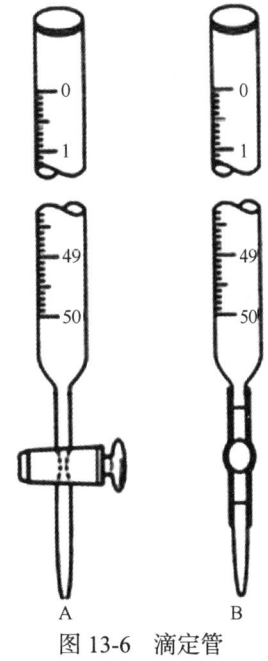

图13-6　滴定管

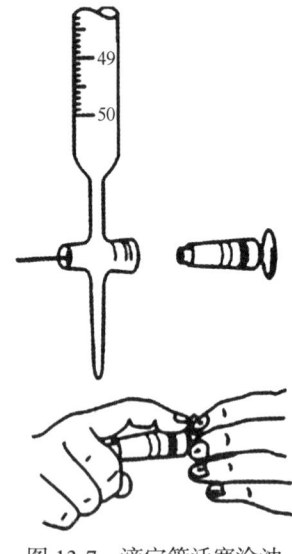

图 13-7 滴定管活塞涂油

（1）准备：为了使酸式滴定管活塞转动灵活并克服漏水现象，需将活塞涂油（如凡士林油或真空活塞脂）。操作方法如下：

解下活塞上的橡皮套，取出活塞，用吸水纸将活塞擦干，用手指或玻璃棒将油脂涂抹在活塞孔的两边（图 13-7）。油脂涂得要适当。涂得太少，活塞转动不灵活，且易漏水；涂得太多，活塞孔容易被堵塞。油脂绝对不能涂在活塞孔的上下两侧，以免旋转时堵住活塞孔。将活塞插入活塞套中。插入时，活塞孔应与滴定管平行，径直插入活塞套，不要转动活塞，这样可避免将油脂挤到活塞孔中。然后向同一方向旋转活塞，直到活塞和活塞套上的油脂层全部透明为止，套上橡皮套。经上述处理后，活塞应转动灵活，油脂层没有纹络。然后用蒸馏水洗 3 次。

碱式滴定管使用前应检查乳胶管和玻璃珠是否完好。若胶管已老化，玻璃珠过大（不易操作）或过小（漏水），应予更换。

（2）试漏

1）酸式滴定管：用水充满滴定管，将滴定管外壁擦干，将其放在滴定管架上垂直静置约 2min，观察有无水滴漏下。然后将活塞旋转 180°，再如前检查，如果漏水，应重新涂油。

2）碱式滴定管：用水充满滴定管，将滴定管外壁擦干，操纵玻璃球使滴定管尖嘴充满水，将其放在滴定管架上垂直静置约 2min，观察有无水滴漏下。如果漏水，应更换胶管或玻璃球。

（3）润洗：滴定管在装入滴定剂前应该用所装的溶液润洗，具体操作如下所述。

向滴定管中装入滴定剂 5～10mL（装入溶液前，应将试剂瓶中的溶液摇匀，使凝结在瓶内壁上的水珠混入溶液，这在天气比较热、室温变化较大时更为必要。混匀后将溶液直接倒入滴定管中，不得用烧杯、漏斗等其他容器来转移），然后将滴定管平端，慢慢旋转几圈，让溶液粘到滴定管的内壁上每一部分，然后将溶液从滴定管尖嘴处放掉。一般要求润洗 3 次。

（4）调零：将溶液倒入滴定管中，直到充满至零刻度以上为止。注意检查滴定管的尖嘴部分是否充满溶液，如尖嘴部分有气柱需要排掉。在使用酸式滴定管时，将滴定管尽量平端，迅速打开活塞至最大流量，使溶液冲出（下面用烧杯承接溶液，或到水池边使溶液放到水池中），这时出口管中应不再留有气泡。若气泡仍未能排出，维持此状态，并边旋转边震荡滴定管，大多可排掉气泡。如仍不能使溶液充满，可能是出口管未洗净，必须重新清洗。在使用碱式滴定管时，装满溶液后，捏住玻璃珠所在的位置并使乳胶管向上弯曲，出口管斜向上，然后在玻璃珠部位往一旁轻轻捏橡皮管，使溶液从出口管喷出（图 13-8），即可排掉气泡。

排净气泡后向滴定管中加入溶液到 "0" 刻度以上，然后将滴定管直立，小心操纵滴定管让溶液的凹液面缓慢下降，直到让凹液面与 "0" 刻度

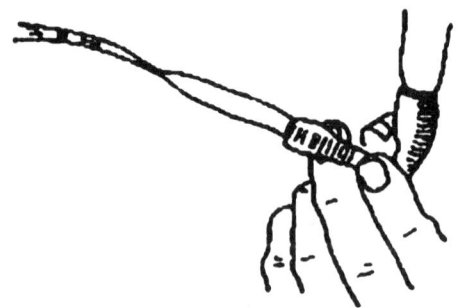

图 13-8 碱式滴定管排气操作

相切为止，若此时滴定管尖嘴部分悬有一滴溶液，应使用较干净的容器沾掉。

（5）滴定管的读数：读数时应遵循下列原则。

1）读数时，滴定管可以夹在滴定管架上，也可以用手拿滴定管上部无刻度处。不管用哪一种方法读数，均应使滴定管保持垂直。

2）对于无色或浅色溶液，应读取弯月面下缘最低点，读数时，视线在弯月面下缘最低点处，且与液面呈水平（图13-9）；溶液颜色太深时，可读液面两侧的最高点。此时，视线应与该点呈水平。注意初读数与终读数采用同一标准。

3）必须读到小数点后第二位，即要求估计到0.01mL。注意，估计读数时，应该考虑到刻度线本身的宽度。

4）若为乳白板蓝线衬背滴定管，应当取蓝线上下两尖端相对点的位置读数。

5. 滴定的操作方法　进行滴定操作时，每次滴定都从0.00mL开始，这样可以减小系统误差。滴定开始时应将滴定管垂直地夹在滴定管架上，让滴定管的尖嘴距离锥形瓶口1～2cm，然后左手操作滴定管，右手摇动锥形瓶。如使用的是酸式滴定管，左手环指和小手指向手心弯曲，轻轻地贴着出口管，用其余三指控制活塞的转动（图13-10A）。稍微用力往里扣，注意不要向外拉活塞以免推出活塞造成漏水。

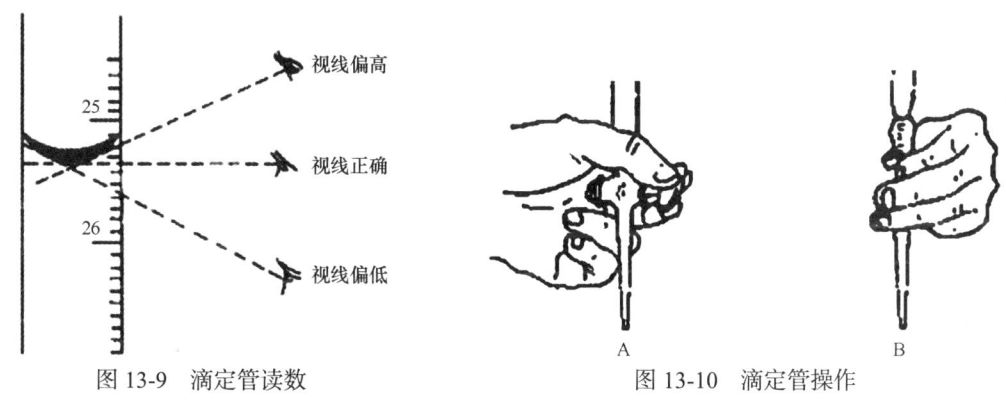

图13-9　滴定管读数　　　　图13-10　滴定管操作

如使用的是碱式滴定管，左手环指及小手指夹住出口管，拇指与示指在玻璃珠所在部位往一旁（左右均可）捏乳胶管，使溶液从玻璃珠旁空隙处流出（图13-10B）。注意不能使玻璃珠上下移动，也不要捏到玻璃珠下部的乳胶管。

无论使用哪种滴定管，都必须掌握下面三种加液方法：①逐滴连续滴加；②只加一滴；③使液滴悬而未落，即加半滴。

滴定时，用右手前三指拿住锥形瓶瓶颈，升起锥形瓶使滴定管的尖端伸入瓶口约1cm（图13-11）。左手按前述方法滴加溶液，右手运用腕力摇动锥形瓶，边摇动边滴加溶液。滴定刚开始时，滴定速度可稍快，但不能流成"水线"。随着滴定的进行，在滴入滴定剂的点附近由于"局部过浓"现象，会局部变色，此时应降低滴定速度。接近终点时，应改为加一滴，摇几

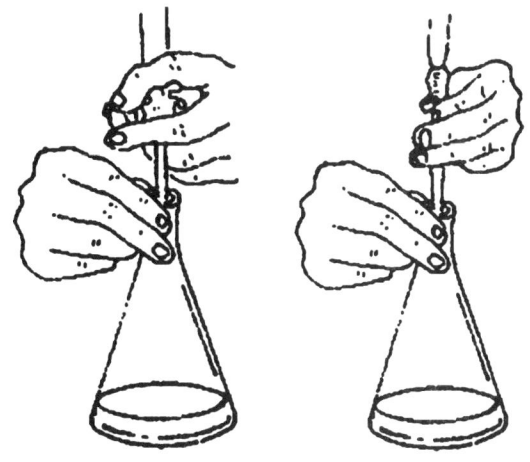

图13-11　酸式滴定管和碱式滴定管滴定操作

下。最后,每加半滴溶液就摇动锥形瓶,直至溶液出现明显的颜色变化。加半滴溶液的方法如下:微微操纵滴定管,使溶液悬挂在出口管嘴上,形成半滴,用锥形瓶内壁将其沾落,再将锥形瓶倾斜,用溶液将其沾下,也可用洗瓶以少量蒸馏水吹洗瓶壁。重复半滴加入,直到指示剂变色为止,然后开始读取滴定剂消耗的体积。

滴定结束后,滴定管内剩余的溶液应弃去,不得将其倒回原瓶,以免沾污整瓶操作溶液。随即洗净滴定管,并将滴定管尖嘴向上夹在滴定台上。如滴定管需长期存放时,应在酸式滴定管的活塞处夹一纸条,防止粘连。

(锦州医科大学 李 丹)

实验十四　食醋中总酸度的测定

【实验目的】

1. 学习并掌握强碱滴定弱酸时指示剂的选择。

2. 熟悉移液管的使用方法和滴定操作技术。

【实验原理】

乙酸的解离常数 $K_a=1.75\times10^{-5}$，可以用标准氢氧化钠溶液直接滴定，反应式为：

$$NaOH + HAc \Longrightarrow NaAc + H_2O$$

用 NaOH 溶液（$0.1mol\cdot L^{-1}$）滴定 HAc 溶液时其化学计量点时的 pH 为 8.7，滴定突跃范围为 7.7～9.7，通常选酚酞为指示剂，终点由无色到微红色。由于空气中的 CO_2 可使酚酞的红色褪去，故滴至溶液显微红色且在半分钟内不褪色为止。

【实验仪器与试剂】

1. 仪器　碱式滴定管(25mL)，移液管(20mL、10mL)，锥形瓶(250mL)，量筒(100mL)，容量瓶（100mL）。

2. 试剂　NaOH 标准溶液（$0.1mol\cdot L^{-1}$），食醋，酚酞指示剂（0.1%）。

【实验步骤】

精密移取 10.00mL 食醋于 100mL 容量瓶中，加蒸馏水稀释至刻度线，摇匀。精密移取 20.00mL 稀释后的食醋置于 3 个 250mL 锥形瓶中，分别加入酚酞指示剂 2 滴，用 NaOH 标准溶液（$0.1mol\cdot L^{-1}$）滴至溶液显微红色，且在半分钟内不褪色为止，平行滴定 3 次，要求每两次滴定所用 NaOH 溶液的体积之差不得超过 0.10mL。计算食醋中的总酸度。

【数据记录与结果处理】

食醋中总酸度的测定数据记录与处理见表 14-1。

表 14-1　食醋中总酸度的测定

记录项目	1	2	3
NaOH 溶液的浓度（$mol\cdot L^{-1}$）			
消耗 NaOH 溶液的体积（mL）			
消耗 NaOH 溶液的平均体积（mL）			
ρ_{HAc}（$g\cdot L^{-1}$）			

计算公式：

$$\rho = \frac{c_{NaOH}\times V_{NaOH}\times M_{HAc}}{20.00\times\dfrac{10.00}{100.00}}$$

$$M_{HAc}=60.06\,g\cdot mol^{-1}$$

【注意事项】

食醋可用乙酸样品液代替或取浓乙酸（$17mol\cdot L^{-1}$）59mL 加蒸馏水至 100mL 配制而成。

【思考题】

1. 以 NaOH 滴定乙酸属于哪种类型的滴定？计量点 pH 如何计算？怎样选指示剂？
2. 取食醋的移液管要先用待移取的食醋溶液润洗 3 遍后才能准确移取，为什么？250mL 锥形瓶要不要用食醋润洗 3 遍？

（锦州医科大学　王　朋）

实验十五 盐酸标准溶液的配制与标定

【实验目的】

1. 掌握盐酸溶液配制与标定的原理和方法。
2. 熟悉用甲基橙指示剂指示滴定终点。
3. 练习使用容量分析仪器。

【实验原理】

市售盐酸为无色透明溶液,相对密度约为 $1.19g \cdot mL^{-1}$,含 HCl 约 37%。由于浓 HCl 是挥发性酸,浓度不恒定,所以只能用间接方法配制其标准溶液,即先配成近似浓度的溶液,再用基准物质标定。标定盐酸的基准物质常用无水碳酸钠和硼砂等,本实验采用无水碳酸钠为基准物质。

用 $NaCO_3$ 标定盐酸的反应为:

$$2HCl + Na_2CO_3 = 2NaCl + H_2O + CO_2\uparrow$$

计量点时,溶液的 pH 为 3.87,其滴定突跃范围 pH 为 3.5~5.0,可用甲基橙(变色点 pH 为 3.7)做指示剂,当溶液颜色由黄色变为橙色时,即达到滴定终点。

根据称量的无水碳酸钠的质量和滴定时消耗盐酸的体积,可以计算出盐酸溶液的准确浓度。

【实验仪器与试剂】

1. **仪器** 酸式滴定管(25mL),锥形瓶(250mL),量筒(10mL),试剂瓶(500mL),容量瓶(200mL),烧杯(100mL),移液管(20mL),分析天平,托盘天平,滴定台,称量瓶,洗瓶,洗耳球。

2. **试剂** 浓盐酸(分析纯),无水碳酸钠(分析纯),甲基橙指示剂。

【实验步骤】

1. **$0.1mol \cdot L^{-1}$ 盐酸标准溶液的配制** 用量筒量取约 4.5mL 浓盐酸溶液,倾入 500mL 试剂瓶中,加蒸馏水稀释至 500mL,盖上塞子,摇匀,贴上标签,备用。

2. **碳酸钠标准溶液的配制** 准确称取在 270~330℃干燥至恒重的基准无水碳酸钠 1.0~1.1g,置于小烧杯中,加少量水搅拌,使之溶解。然后转移到 200mL 容量瓶中,再用少量水洗涤小烧杯及玻璃棒 3 次,将洗涤液一并转移到容量瓶中,加水稀释至刻度,充分摇匀。

3. **$0.1mol \cdot L^{-1}$ HCl 溶液的标定** 用移液管准确吸取碳酸钠标准溶液 20.00mL 于锥形瓶中,加甲基橙指示剂 1~2 滴,用盐酸标准溶液滴定至溶液由黄色刚刚转变为橙色,即达到滴定终点。记下所消耗盐酸标准溶液的体积。平行测定三次,每两次所用盐酸标准溶液的体积之差不得超过 0.10mL,计算盐酸标准溶液的浓度。

【实验结果和数据处理】

无水碳酸钠的称量数据记录及处理见表 15-1。

表 15-1 无水碳酸钠的称量 (单位:g)

(称量瓶+Na_2CO_3)的质量	(称量瓶+剩余 Na_2CO_3)的质量	Na_2CO_3 的质量

盐酸标准溶液的标定数据记录及处理见表 15-2。

表 15-2　盐酸标准溶液的标定

记录项目	1	2	3
无水碳酸钠的质量（g）			
消耗盐酸标准溶液的体积（mL）			
消耗盐酸标准溶液体积的平均值（mL）			
盐酸标准溶液浓度（mol·L^{-1}）			

计算公式：$c_{HCl} = \dfrac{m_{Na_2CO_3} \times \dfrac{20.00}{200.00}}{V_{HCl} \times \dfrac{M_{Na_2CO_3}}{2 \times 1000}}$

$M_{Na_2CO_3} = 105.99 \text{ g·mol}^{-1}$

【思考题】

1. 滴定管在装标准溶液前为什么要用标准溶液润洗三次？
2. 如果基准物未烘干，将使标准溶液浓度的标定结果偏高还是偏低？
3. 如何降低二氧化碳对滴定终点的影响？
4. 标定盐酸的两种基准物质 Na_2CO_3 和 $Na_2B_4O_7·10H_2O$ 各有哪些优缺点？
5. 为什么不用直接法配制盐酸标准溶液？

（锦州医科大学　李华侃）

实验十六　小苏打片中碳酸氢钠含量的测定

【实验目的】

1. 学会一种测定小苏打片中碳酸氢钠含量的方法。

2. 进一步巩固滴定分析操作。

【实验原理】

小苏打片为碳酸氢钠加淀粉等辅料压制而成，碳酸氢钠是其药用的主要成分，一般用于治疗胃酸过多。碳酸氢钠为弱碱性物质，测定 $NaHCO_3$ 的含量时，用盐酸标准溶液滴定，反应式为：

$$NaHCO_3 + HCl = NaCl + H_2O + CO_2\uparrow$$

计量点时，溶液的 pH 为 3.87，其滴定突跃范围的 pH 为 3.5~5.0，可用甲基橙（变色点 pH 为 3.7）做指示剂，当溶液的颜色由黄色变为橙色时，即达到滴定终点。

由称量的小苏打片的质量和滴定消耗盐酸的体积即可算出碳酸氢钠的含量。

【实验仪器与试剂】

1. 仪器　托盘天平，分析天平，称量瓶，研钵，烧杯（100mL），容量瓶（200mL），酸式滴定管（25mL），锥形瓶（250mL），移液管（20mL），洗耳球。

2. 试剂　盐酸标准溶液（约 $0.1mol \cdot L^{-1}$），0.2%甲基橙指示剂，小苏打片。

【实验步骤】

1. 样品溶液的配制　精密称取小苏打片 1.5~1.6g（3~4 片）置于小烧杯中，加少量蒸馏水并小火加热，使之溶解。冷却后转移到 200mL 容量瓶中，用少量水洗涤小烧杯及玻璃棒 3 次，将洗液一并转移到容量瓶中，加水至刻度，充分摇匀。

2. 样品含量的测定　用移液管准确吸取上述样品溶液 20.00mL 置于干净的锥形瓶中，加甲基橙指示剂 1~2 滴，用盐酸标准溶液滴定至黄色刚刚转变为橙色，即达终点。记下所消耗盐酸标准溶液的体积。平行滴定三次，要求每两次滴定所用盐酸标准溶液的体积之差不得超过 0.10mL，计算小苏打片中碳酸氢钠的百分含量。

【实验结果和数据处理】

小苏打片中碳酸氢钠含量的测定数据记录及处理见表 16-1。

表 16-1　小苏打片中碳酸氢钠含量的测定

记录项目	1	2	3
消耗盐酸标准溶液的体积（mL）			
消耗盐酸标准溶液的平均体积（mL）			
小苏打片的质量（g）			
碳酸氢钠含量（%）			

计算公式：$$\varpi_{NaHCO_3} = \frac{c_{HCl} \times V_{HCl} \times M_{NaHCO_3}}{m_{NaHCO_3} \times 1000 \times \frac{20.00}{200.00}} \times 100\%$$

$$M_{NaHCO_3} = 84.01 g \cdot mol^{-1}$$

【思考题】

1. 强酸滴定弱碱的滴定突跃范围大小取决于碱的强度及其浓度,那么在什么情况下,才能用强酸直接滴定弱碱?
2. 在滴定过程中,往锥形瓶壁上淋少量水,对测定结果有无影响?
3. 在滴定接近终点时,产生的二氧化碳对滴定有无影响?
4. 滴定用的锥形瓶要不要用待装溶液润洗,为什么?
5. 滴定碳酸氢钠时,能否用甲基红做指示剂?

(锦州医科大学 李华侃)

实验十七　EDTA 标准溶液的配制和标定

【实验目的】

1. 学习 EDTA 标准溶液的配制和标定方法。
2. 掌握配位滴定的原理，了解配位滴定的特点。

【实验原理】

EDTA 是一种很好的氨羧配位剂，它能和许多种金属离子以 1∶1 生成很稳定的螯合物，且生成的螯合物易溶于水。利用这一性质，如果选择合适的金属指示剂，控制溶液的 pH 就能用 EDTA 标准溶液测定金属离子的含量。

EDTA 是乙二胺四乙酸及乙二胺四乙酸二钠盐（$Na_2H_2Y \cdot 2H_2O$）的简称，由于乙二胺四乙酸难溶于水，故通常使用其二钠盐。乙二胺四乙酸二钠盐是白色的粉末，可以制成基准物质，但一般不直接用它配制标准溶液，而是先配成大致浓度的溶液，再用 Zn、ZnO、$CaCO_3$、$MgSO_4 \cdot 7H_2O$ 等基准物质来标定。本实验选用 $CaCO_3$ 作为基准物质，以铬黑 T 为指示剂，在 $NH_3 \cdot H_2O$-NH_4Cl 缓冲溶液（pH≈10）中进行标定，溶液由紫红色变为纯蓝色时即为滴定终点。滴定过程中的反应为：

滴定前：$Ca^{2+} + HIn^{2-} \rightleftharpoons CaIn^- + H^+$

终点前：$Ca^{2+} + H_2Y^{2-} \rightleftharpoons CaY^{2-} + 2H^+$

终点时：$CaIn^- + H_2Y^{2-} \rightleftharpoons CaY^{2-} + HIn^{2-} + H^+$
　　　　　紫红色　　　　　　　　　　纯蓝色

铬黑 T 在水溶液中不稳定，常与固体 NaCl 按质量比 1∶100 混合后使用。

【实验仪器与试剂】

1. 仪器　酸式滴定管（25mL），锥形瓶（250mL），移液管（20mL），容量瓶（200mL），量筒（10mL、100mL），烧杯（50mL、100mL），滴定台，分析天平，托盘天平，称量瓶，试剂瓶（250mL），洗耳球，玻璃棒。

2. 试剂　EDTA 标准溶液（$Na_2H_2Y \cdot 2H_2O$），$CaCO_3$（分析纯），HCl（$6mol \cdot L^{-1}$），铬黑 T 指示剂，$NH_3 \cdot H_2O$-NH_4Cl 缓冲溶液（pH≈10）。

【实验步骤】

1. EDTA 标准溶液的配制　用托盘天平称取 2.0g 乙二胺四乙酸二钠溶解于 100mL 温水中，溶解后转移到 250mL 试剂瓶中，冷却后加水至 250mL，摇匀，备用。

2. $CaCO_3$ 标准溶液（$0.02mol \cdot L^{-1}$）的配制　准确称取 120℃干燥过的 $CaCO_3$ 0.36～0.42g（精确到 0.1mg），置于 100mL 烧杯中，加少量水（约 10mL）润湿，盖上表面皿，用滴管从烧杯嘴处缓慢滴加 $6mol \cdot L^{-1}$HCl 溶液至 $CaCO_3$ 完全溶解，加入少量水稀释，将溶液转入 200mL 容量瓶中，洗涤烧杯及玻璃棒 2～3 次，一同并入容量瓶中，用蒸馏水稀释至刻度，摇匀。

3. EDTA 标准溶液的标定　用移液管移取 20.00mL $CaCO_3$ 标准溶液于 250mL 锥形瓶中，加入 10mL pH=10 的 $NH_3 \cdot H_2O$-NH_4Cl 缓冲溶液，再加入一玻勺铬黑 T 指示剂，摇匀，用 EDTA 溶液滴定至溶液由紫红色变为纯蓝色即为终点，记录所消耗的 EDTA 溶液体积。平行测定三次，要求每两次滴定体积之差不超过 0.10mL，根据消耗 EDTA 标准溶液的体积，计算其浓度。

【实验结果和数据处理】

EDTA 标准溶液的标定数据记录及处理见表 17-1。

表 17-1　EDTA 标准溶液的标定

记录项目	1	2	3
消耗 EDTA 的体积（mL）			
消耗 EDTA 的平均体积（mL）			
碳酸钙的质量（g）			
EDTA 的浓度（mol·L^{-1}）			

计算公式：$c_{EDTA} = \dfrac{\dfrac{m_{CaCO_3}}{M_{CaCO_3}} \times \dfrac{20.00}{200.00}}{V_{EDTA}} \times 1000$

$M_{CaCO_3} = 100.09 \text{g} \cdot \text{mol}^{-1}$

【注意事项】

1. 碳酸钙基准物质加 HCl 溶解时要缓慢，以防激烈反应产生 CO_2 气泡，而使 $CaCO_3$ 溶液飞溅损失。

2. 配位滴定反应进行较慢，因此滴定速度不宜太快，尤其临近终点时，更应缓慢滴定，并充分摇动，保证其充分反应。

【思考题】

1. EDTA 与金属离子反应有何特点？
2. 为什么滴定时要加入 $NH_3 \cdot H_2O\text{-}NH_4Cl$ 缓冲溶液？
3. 为什么实验中选用乙二胺四乙酸二钠盐配制 EDTA 标准溶液，而不用乙二胺四乙酸？
4. 用 HCl 溶解 $CaCO_3$ 时，为什么要用表面皿盖上烧杯口？
5. 什么是金属指示剂？有哪些特点？铬黑 T 指示剂适用的 pH 范围是多少？

（锦州医科大学　冯　宇）

实验十八　水中 Ca^{2+}、Mg^{2+} 含量的测定

【实验目的】
1. 掌握 EDTA 法测定水中 Ca^{2+}、Mg^{2+} 含量的原理及方法。
2. 掌握铬黑 T 及钙指示剂的应用。

【实验原理】
测定水中钙、镁的总量就是测定水的总硬度。天然水中会含有较多的 Ca^{2+} 和 Mg^{2+}，可用 EDTA 标准溶液测定水中 Ca^{2+}、Mg^{2+} 的含量。

测定水中的 Ca^{2+} 含量时，先用 NaOH 溶液调节溶液 pH=12～13，此时 Mg^{2+} 转化为 $Mg(OH)_2$ 沉淀。再加入适量钙指示剂，钙指示剂与 Ca^{2+} 生成酒红色配合物。用 EDTA 滴定时，EDTA 先与 Ca^{2+} 结合，滴定至终点时，EDTA 夺取已与指示剂配位的 Ca^{2+}，钙指示剂游离出来，使溶液由酒红色变为纯蓝色。

测定水中 Ca^{2+}、Mg^{2+} 总含量时，用 $NH_3 \cdot H_2O\text{-}NH_4Cl$ 缓冲溶液调节溶液的 pH≈10，以铬黑 T 作指示剂，用 EDTA 标准溶液滴定，溶液由酒红色变为纯蓝色时，即为滴定终点。由于溶液中生成的配合物稳定顺序为：

$$CaY^{2-} > MgY^{2-} > MgIn^- > CaIn^-$$

所以，滴定过程中溶液发生的反应如下：

滴定前：$Mg^{2+} + HIn^{2-} \rightleftharpoons MgIn^- + H^+$

终点前：$Ca^{2+} + H_2Y^{2-} \rightleftharpoons CaY^{2-} + 2H^+$

$\qquad\quad Mg^{2+} + H_2Y^{2-} \rightleftharpoons MgY^{2-} + 2H^+$

终点时：$MgIn^- + H_2Y^{2-} \rightleftharpoons MgY^{2-} + HIn^{2-} + H^+$

$\qquad\quad$ 酒红色 $\qquad\qquad\qquad\qquad$ 纯蓝色

【实验仪器与试剂】
1. 仪器　酸式滴定管（25mL），锥形瓶（250mL），移液管（50mL），量筒（10mL），烧杯（100mL），滴定台，洗耳球，洗瓶。

2. 试剂　EDTA（$Na_2H_2Y \cdot 2H_2O$）标准溶液，$NH_3 \cdot H_2O\text{-}NH_4Cl$ 缓冲溶液（pH≈10），NaOH 溶液（$6mol \cdot L^{-1}$），铬黑 T 指示剂，钙指示剂。

【实验步骤】
1. Ca^{2+} 含量的测定　用移液管移取 50.00mL 水样，置于 250mL 锥形瓶中，加入 2mL $6mol \cdot L^{-1}$ NaOH 溶液（使溶液的 pH=12～13），再加一玻勺钙指示剂，摇匀。此时溶液呈酒红色，用 EDTA 标准溶液滴定至溶液由酒红色变为纯蓝色，即为终点。记下所消耗 EDTA 的体积 V_1，平行测定三次，要求每两次滴定体积之差不超过 0.10mL，计算水中 Ca^{2+} 的含量。

2. 水中 Ca^{2+}、Mg^{2+} 总含量的测定　用移液管移取 50.00mL 水样，置于 250mL 锥形瓶中，加入 5mL $NH_3 \cdot H_2O\text{-}NH_4Cl$ 缓冲溶液（pH≈10），再加入一玻勺铬黑 T 指示剂，摇匀。用 EDTA 标准溶液滴定至溶液由酒红色变为纯蓝色，即为滴定终点，记下所消耗 EDTA 的体积 V_2。平行测定三次，要求每两次滴定体积之差不超过 0.10mL，根据消耗 EDTA 标准溶液的体积，计算出水中 Ca^{2+}、Mg^{2+} 的总含量。

【实验结果和数据处理】

水中 Ca^{2+}、Mg^{2+} 含量测定数据记录及处理见表 18-1。

表 18-1　水中 Ca^{2+}、Mg^{2+} 含量的测定

记录项目	1	2	3
$V_{1EDTA}(mL)$			
$\bar{V}_{1EDTA}(mL)$			
$V_{2EDTA}(mL)$			
$\bar{V}_{2EDTA}(mL)$			
$c_{Ca^{2+}}(mmol·L^{-1})$			
$c_{Ca^{2+}、Mg^{2+}}(mmol·L^{-1})$			

若用钙指示剂时消耗 EDTA 的体积为 V_1，用铬黑 T 指示剂时消耗 EDTA 的体积为 V_2，则水中 Ca^{2+}、Mg^{2+} 含量的计算公式为：

$$c_{Ca^{2+}} = \frac{c_{EDTA} \cdot V_{1EDTA}}{V_{水样}} \times 1000$$

$$c_{Ca^{2+}、Mg^{2+}} = \frac{c_{EDTA} \cdot V_{2EDTA}}{V_{水样}} \times 1000$$

【思考题】

1. 什么是水的总硬度？
2. 为什么滴定 Ca^{2+} 时要控制溶液 pH=12～13？
3. 滴定为什么要在缓冲溶液中进行？
4. 如果只有铬黑 T 指示剂，能否测定 Ca^{2+} 的含量？如何测定？
5. EDTA、铬黑 T 指示剂分别与 Ca^{2+}、Mg^{2+} 形成的配合物稳定性顺序如何？

（锦州医科大学　刘佳川）

实验十九　高锰酸钾标准溶液的标定

【实验目的】

1. 掌握高锰酸钾法的基本原理。

2. 练习用自身指示剂指示终点的方法。

3. 掌握用草酸钠做基准物质标定 $KMnO_4$ 溶液浓度的原理、方法和操作条件。

【实验原理】

用高锰酸钾作为标准溶液进行氧化还原滴定的分析方法称为高锰酸钾法。

普通高锰酸钾试剂常含有少量杂质，不能用直接法配制标准溶液，必须经过标定。标定高锰酸钾溶液的基准物质有 $H_2C_2O_4 \cdot 2H_2O$、$Na_2C_2O_4$、As_2O_3 等。其中草酸钠不含结晶水，容易提纯，没有吸湿性，因此是常用的基准物质。在热的酸性溶液中，高锰酸钾和草酸钠的反应方程式如下：

$$2MnO_4^- + 5C_2O_4^{2-} + 16H^+ = 2Mn^{2+} + 10CO_2\uparrow + 8H_2O$$

开始反应较慢，待溶液中产生 Mn^{2+} 后，由于 Mn^{2+} 的催化作用，反应越来越快。另外，为了加快反应速度，滴定温度不能低于 60℃，但也不能太高，若高于 90℃ 容易引起 $H_2C_2O_4$ 分解：

$$H_2C_2O_4 = H_2O + CO_2\uparrow + CO\uparrow$$

高锰酸钾溶液本身有色，当溶液中 MnO_4^- 的浓度约为 $2\times10^{-6} mol\cdot L^{-1}$ 时，人眼即可观察到粉红色。用高锰酸钾作滴定剂时，一般不加指示剂，而是利用稍过量的 MnO_4^- 的粉红色指示滴定终点。在这里高锰酸钾称作自身指示剂。

【实验仪器与试剂】

1. 仪器　托盘天平，分析天平，称量瓶，烧杯(100mL)，洗瓶，玻璃棒，容量瓶(200mL)，滴定台，酸式滴定管(25mL)，移液管(20mL)，洗耳球，锥形瓶(250mL)，量筒(10mL)，煤气灯，石棉网。

2. 试剂　高锰酸钾标准溶液（约 $0.02mol\cdot L^{-1}$），$Na_2C_2O_4$（分析纯），H_2SO_4 溶液（$3mol\cdot L^{-1}$）。

【实验步骤】

1. 草酸钠溶液的配制　在分析天平上准确称取 1.3～1.4g 于 105～110℃ 烘至恒重的草酸钠，置于 100mL 烧杯中，加适量水，搅拌使草酸钠溶解，将溶液转移到 200mL 容量瓶中，把玻璃棒和烧杯再洗涤三次，洗涤液也合并到容量瓶中，最后将容量瓶中的溶液稀释至刻度，摇匀。

2. 高锰酸钾标准溶液的标定　用移液管移取 20.00mL 草酸钠溶液于 250mL 锥形瓶中，用量筒加 $3mol\cdot L^{-1} H_2SO_4$ 溶液 10mL，小火加热至 70～80℃（瓶颈略烫手），用高锰酸钾标准溶液趁热滴定。开始时反应速率很慢，加入一滴高锰酸钾标准溶液后，震荡溶液，待高锰酸钾标准溶液颜色褪去后再加第二滴。随着体系中 Mn^{2+} 的不断生成，反应速率逐渐加快，可适当提高滴定速率。滴定到溶液呈粉红色，并保持 30s 不褪色即为滴定终点，记录消耗高锰酸钾标准溶液的体积。平行滴定三次，要求每两次滴定体积之差不超过 0.10mL，计算高锰酸钾标准溶液的浓度。

【实验结果和数据处理】

草酸钠的称量及高锰酸钾标准溶液的标定数据记录及处理见表19-1、表19-2。

表19-1 草酸钠的称量 （单位：g）

（称量瓶+$Na_2C_2O_4$）的质量	（称量瓶+剩余$Na_2C_2O_4$）的质量	$Na_2C_2O_4$的质量

表19-2 高锰酸钾标准溶液的标定

记录项目	1	2	3
草酸钠质量（g）			
高锰酸钾标准溶液的体积（mL）			
高锰酸钾标准溶液的平均体积（mL）			
高锰酸钾标准溶液浓度（$mol \cdot L^{-1}$）			

计算公式：

$$c_{KMnO_4} = \frac{2}{5} \times \frac{m_{Na_2C_2O_4} \times \frac{20.00}{200.00}}{V_{KMnO_4} \times M_{Na_2C_2O_4}} \times 1000$$

$$M_{Na_2C_2O_4} = 134.00 \text{g} \cdot \text{mol}^{-1}$$

【思考题】

1. 用$Na_2C_2O_4$标定高锰酸钾溶液，有哪些因素影响反应速率？如何控制反应速率？
2. 高锰酸钾溶液应放在哪种滴定管中？应怎样读数？

（锦州医科大学　李华侃）

实验二十 双氧水中过氧化氢含量的测定

【实验目的】
1. 掌握高锰酸钾法测定过氧化氢含量的原理。
2. 练习用自身指示剂指示终点的方法。

【实验原理】

过氧化氢由于其氧化还原性,广泛应用于漂白、消毒、杀菌、医药等工业,因此常需要测定它的含量。过氧化氢在反应时既可作为氧化剂又可作为还原剂,在酸性介质中遇$KMnO_4$时过氧化氢作为还原剂。

在稀硫酸溶液中,过氧化氢在室温条件下,能定量地被$KMnO_4$氧化生成氧气和水,因此可用高锰酸钾法测定过氧化氢的含量,其反应式为:

$$5H_2O_2 + 2MnO_4^- + 6H^+ = 2Mn^{2+} + 5O_2\uparrow + 8H_2O$$

该反应室温时速率较慢,由于H_2O_2不稳定,不能通过加热来加快反应速率。但反应生成的Mn^{2+}对反应有催化作用,所以反应一旦开始,生成的Mn^{2+}就可以使反应速率加快。

【实验仪器与试剂】

1. 仪器 容量瓶(200mL),酸式滴定管(25mL),移液管(10mL、20mL),洗耳球,锥形瓶(250mL),量筒(10mL),洗瓶,滴定台。

2. 试剂 过氧化氢试样溶液,$KMnO_4$标准溶液(约$0.02mol \cdot L^{-1}$),H_2SO_4溶液($3mol \cdot L^{-1}$)。

【实验步骤】

1. 过氧化氢试样溶液的稀释 用移液管移取过氧化氢试样溶液10.00mL,置于200mL容量瓶中,加水稀释至刻度,充分摇匀备用。

2. 过氧化氢含量的测定 用移液管移取稀释过的过氧化氢试样溶液20.00mL于250mL锥形瓶中,加入$3mol \cdot L^{-1}H_2SO_4$溶液10mL,用$KMnO_4$标准溶液滴定。开始时反应速率很慢,加入一滴高锰酸钾标准溶液后,震荡溶液,待高锰酸钾标准溶液颜色褪去后再加第二滴。随着体系中Mn^{2+}的不断生成,反应速率逐渐加快,可适当提高滴定速率。滴定到溶液呈淡粉色,保持30s不褪色即为滴定终点。平行测定三次,要求每两次滴定体积之差不超过0.10mL,计算试样中过氧化氢的质量浓度($g \cdot L^{-1}$)。

【实验结果和数据处理】

过氧化氢含量测定的数据记录及处理见表20-1。

表20-1 过氧化氢含量的测定

记录项目	1	2	3
高锰酸钾标准溶液浓度($mol \cdot L^{-1}$)			
消耗高锰酸钾标准溶液体积(mL)			
消耗高锰酸钾标准溶液平均体积(mL)			
过氧化氢含量($g \cdot L^{-1}$)			

计算公式：
$$\rho_{H_2O_2} = \frac{5}{2} \times \frac{c_{KMnO_4} \times V_{KMnO_4} \times M_{H_2O_2}}{10.00 \times \frac{20.00}{200.00}}$$

$$M_{H_2O_2} = 34.02 \text{g} \cdot \text{mol}^{-1}$$

【思考题】

1. 能否用加热的方法提高高锰酸钾与过氧化氢的反应速率？

2. 装过高锰酸钾溶液的滴定管或容器，常带有不易洗去的棕色物质，这是为什么？怎样除去？

3. 用高锰酸钾法测定过氧化氢时，能否用 HNO_3、HCl、HAc 控制溶液酸度？为什么？

（锦州医科大学　李华侃）

实验二十一 乙酸解离度和解离平衡常数的测定

【实验目的】
1. 了解用 pH 法测定乙酸解离度和解离平衡常数的原理和方法。
2. 学习 pH 计的使用方法。

【实验原理】
乙酸是弱电解质，在水溶液中存在下列解离平衡：
$$HAc \rightleftharpoons H^+ + Ac^-$$

所以：解离度 $\alpha = \dfrac{[Ac^-]}{c}$，解离平衡常数 $K_a = \dfrac{[H^+][Ac^-]}{[HAc]}$。

设乙酸溶液的浓度为 c，如果乙酸溶液的 pH<5，则此时溶液中的 $[H^+] > 10^{-5}$，其中由水解离产生的 $[H^+] = [OH^-] < 10^{-9}$，可忽略水的解离，则平衡时 $[H^+] = [Ac^-]$，可以得到：

$$\alpha = \dfrac{[Ac^-]}{c} = \dfrac{[H^+]}{c} \qquad \text{和} \qquad K_a = \dfrac{[H^+]^2}{c - [H^+]}$$

解离度 α 随溶液的浓度增大而减小，K_a 不随溶液浓度的改变而改变，但随温度改变略有变化。在一定温度下，若配制一系列已知浓度的乙酸溶液，并用酸度计准确测定其 pH，根据 $pH = -\lg[H^+]$，换算成 $[H^+] = 10^{-pH}$，则可计算出一系列不同浓度溶液对应的 α 和 K_a 值。

【实验仪器与试剂】
1. 仪器 烧杯（50mL），容量瓶（100mL），锥形瓶（250mL），pHS-25 型数显酸度计，复合电极。

2. 试剂 NaOH 标准溶液（0.1mol·L^{-1}，已由实验室老师事先测定出准确浓度），HAc 标准溶液（0.1mol·L^{-1}）。

【实验步骤】
1. 用 NaOH 标准溶液标定 HAc 标准溶液的浓度（精确到 4 位有效数字） 用酸式滴定管精密量取 20.00mL 的 HAc 标准溶液于 250mL 锥形瓶中，加入酚酞指示剂 2 滴，用 NaOH 标准溶液（0.1mol·L^{-1}）滴至显淡红色，且在半分钟内不褪色为止，平行滴定三次，要求每两次滴定所用 NaOH 溶液的体积之差不得超过 0.10mL，计算 HAc 标准溶液的准确浓度，将实验数据和计算结果填入表 21-1 中。

2. 配制不同浓度的 HAc 溶液 用酸式滴定管量取 50.00mL、10.00mL、5.00mL HAc 溶液，分别置于三个 100mL 容量瓶中，用蒸馏水稀释至刻度，混合均匀，即可制得不同浓度的 HAc 溶液。

3. 测定乙酸溶液的 pH，并计算 α 和 K_a 取适量上面配制的三种不同浓度的 HAc 溶液和未经稀释的 HAc 溶液分别置于 4 个 50mL 烧杯（用所装溶液润洗三次）中，按由稀到浓的顺序在酸度计上分别测定它们的 pH，记录数据和室温，计算 α 和 K_a 值。将实验数据和计算结果填入表 21-2 中。

【实验记录和结果处理】

表 21-1　HAc 标准溶液浓度的标定

记录项目	1	2	3
NaOH 标准溶液的浓度（$mol \cdot L^{-1}$）			
HAc 标准溶液的体积（mL）		20.00	
消耗 NaOH 标准溶液的体积（mL）			
消耗 NaOH 标准溶液的平均体积（mL）			
HAc 标准溶液的浓度（$mol \cdot L^{-1}$）			

表 21-2　HAc 解离度和解离平衡常数的测定

烧杯编号	HAc 的浓度（$mol \cdot L^{-1}$）	pH	[H$^+$]	α（%）	K_a	$\overline{K_a}$
1						
2						
3						
4						

【思考题】

1. "解离度越大，酸度就越大。"这句话正确吗？为什么？
2. 改变所测 HAc 溶液的浓度或温度，则解离度和解离常数有无变化？若有变化，会有怎样的变化？
3. 什么条件下能用 $K_a = \dfrac{[H^+]^2}{c}$ 来求算解离常数 K_a？本实验中是否可以采用，为什么？
4. 根据文献所给的 HAc 的 $K_a=1.75\times10^{-5}$，分析误差产生的原因。

【附录】

酸度计原理及使用方法

一、酸度计原理

1. 定义　酸度计简称 pH 计，是一种常用的仪器设备，一般由电极和电计两部分组成。酸度计主要用来测量液体介质的 pH，配上相应的电极也可以测量电位（mV）值，广泛应用于工业、农业、科研、环保等领域。

2. 酸度计结构　酸度计一般由三个部件构成。

（1）参比电极：参比电极的基本功能是维持一个恒定的电位，作为测量各种偏离电位的对照。对溶液中氢离子活度无响应，具有已知和恒定的电极电位的电极称为参比电极。参比电极有硫酸亚汞电极、甘汞电极和银/氯化银电极等几种。其中最常用的是甘汞电极和银/氯化银电极。

甘汞电极是由汞（Hg）和甘汞（Hg_2Cl_2）的糊状物装入一定浓度的 KCl 溶液中构成的。汞上面插入铂丝，与外导线相连，KCl 溶液盛在底部玻璃管内，管的下端开口用陶瓷塞塞住，通过塞内的毛细孔，在测量时允许有少量 KCl 溶液向外渗漏，但绝不允许被测溶液向管内渗漏，否则将影响电极读数的重现性，导致不准确的结果。为了避免出现这种结果，使用甘汞电极时最好把它上面的小橡皮塞拔下，以维持管内足够的液位压差，断绝被测溶液通过毛细孔渗入的可能性。在使用甘汞电极时还应注意，KCl 溶液要浸没内部小玻璃管的下口，并且在弯管内不允许有气泡将溶液隔断。

甘汞电极做成下管较细的弯管，有助于调节与玻璃电极间的距离，以便在直径较小的容器内也可以插入进行测量。甘汞电极在不用时，可用橡皮套将下端毛细孔套住或浸在 KCl 溶液中，但不要与玻璃电极同时浸在去离子水中保存。甘汞电极的电极电位只随电极内装的 KCl 溶液浓度（实质上是 Cl⁻浓度）而改变，不随待测溶液的 pH 不同而变化。通常所用的饱和 KCl 溶液的甘汞电极的电极电位为 0.2412V，而用 $0.1 mol \cdot L^{-1}$ KCl 溶液的甘汞电极，其电极电位为 0.2810V。

（2）指示电极（玻璃电极）：指示电极的电位值取决于溶液的 pH。它的功能是建立一个对所测量溶液的氢离子活度发生变化作出反应的电位差。把对 pH 敏感的电极和参比电极放在同一溶液中，就组成一个原电池，该电池的电位差 $E_{电池} = \varphi_{参比} - \varphi_{指示}$，如果温度恒定，这个电池的电位差随待测溶液的 pH 变化而变化。

酸度计使用的指示电极为玻璃电极，由玻璃支杆、玻璃膜、内参比溶液、内参比电极、电极帽、电线等组成。

玻璃电极的玻璃膜由对氢离子敏感的特殊成分组成。玻璃膜一般呈球泡状；球泡内充入内参比溶液（中性磷酸盐和氯化钾的混合溶液）；插入内参比电极（一般用银/氯化银电极），用电极帽封接引出电线，装上插口，就成为一支 pH 指示电极。

当玻璃电极浸入待测 pH 的溶液中时，玻璃薄膜内外两侧都因吸水膨润而分别形成两个极薄的水化凝胶层，中间则仍为干玻璃层。在进行 pH 测定时，玻璃膜外侧与待测 pH 溶液的相界面上要发生离子交换，有 H⁺进出；同样，玻璃膜内侧与膜内装的 $0.1 mol \cdot L^{-1}$ 的 HCl 溶液的相界面上也要发生离子交换，也有 H⁺进出。由于玻璃膜两侧溶液中 H⁺浓度的差异，以及玻璃膜水化凝胶层内离子扩散的影响，就逐渐在膜外侧和膜内侧两个相界面之间建立起一个相对稳定的电位差，称为膜电位。由于膜内侧 HCl 溶液中 $c(H^+)$ =$0.1 mol \cdot L^{-1}$，为定值，当玻璃膜内离子扩散情况稳定后，它对膜电位的影响也为定值，因此膜电位就只取决于膜外侧待测 pH 溶液中的 H⁺浓度。在膜电位与银/氯化银电极的电位合并后，即得玻璃电极的电极电位：

$$\varphi_{玻璃电极} = K_{玻璃电极} + \frac{RT}{F}\ln\alpha(H^+) = K_{玻璃电极} - \frac{2.303RT}{F}pH$$

目前市场使用的电极为复合电极的情况越来越普遍，复合电极只是复合了以上两种电极的功能，简易了操作功能。

（3）电流计：电流计能在电阻极大的电路中测量出微小的电位差。

电流计的功能就是将原电池的电位放大若干倍，放大了的信号通过电表显示出，电表指针偏转的程度表示其推动的信号的强度，为了使用上的需要，pH 电流表的表盘刻有相应的 pH 数值；而数字式酸度计则直接以数字显出 pH。

二、酸度计使用方法

下面以上海精密科学仪器有限公司生产的 pHS-25 酸度计为例介绍其使用方法。

接入 pH 电极并接通电源，按【ON/OFF】键开机。先将温度调整到室温，然后进行校正，校正后的酸度计才能进行测量。校正时先将适量的 pH6.86 和 pH4.01（或 9.18）标准缓冲溶液倒入干净烧杯中。

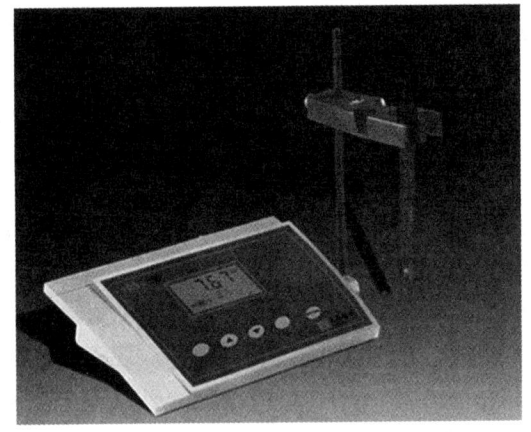

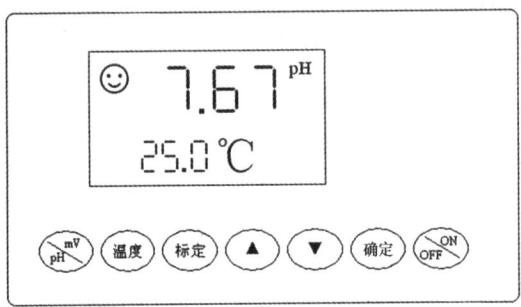

取下 pH 电极保护帽，用蒸馏水清洗电极并用滤纸片擦干，将 pH 电极浸入 pH 为 6.86 的缓冲溶液中，并轻轻晃动几下。按【标定】按钮，待显示的 mV 值稳定后按【确定】键，此时会显示溶液的 pH，按【确定】键，有显示 mV 值；重新用蒸馏水清洗电极并用滤纸片擦干后将 pH 电极浸入 pH 为 4.01（或 9.18）的缓冲溶液中并轻轻晃动电极。此时显示的 mV 值会发生变化。待示值稳定，按【确定】键，显示值与校准缓冲溶液在该测量温度下的 pH 相一致。再按【确定】键，显示屏上将会出现"测量"字样，这样酸度计校准工作就完毕了。酸度计的校正工作一般每天校正一次即可。

每次测量都需要用蒸馏水清洗电极并用滤纸片擦干，然后将 pH 电极浸入待测溶液中，轻轻晃动几下，显示的 pH 稳定后读数即可。电极使用完毕后应用蒸馏水洗净擦干，然后套上保护帽。保护帽中的 KCl 溶液不足时应及时添加。

电极不得长期浸泡在蒸馏水、蛋白质溶液、酸性氟化物或强碱性溶液中。

（锦州医科大学　刘佳川）

实验二十二 邻二氮菲分光光度法测定铁

【实验目的】
1. 了解邻二氮菲分光光度法测定铁的原理和方法。
2. 掌握利用标准曲线进行定量分析的操作与数据处理方法。
3. 掌握 721 型分光光度计的使用方法,并了解其主要构造。

【实验原理】
用分光光度法测定试样中的微量铁,目前一般采用邻二氮菲法。邻二氮菲(又称邻菲罗啉)是测定微量铁的高灵敏性、高选择性试剂。在 pH=2～9 的溶液中,邻二氮菲与 Fe^{2+} 生成稳定的橘红色配合物,其显色反应如下:

$$Fe^{2+} + 3\,\text{(phen)} \rightleftharpoons [Fe(\text{phen})_3]^{2+}$$

此配合物 $\lg K_s$=21.3,摩尔吸光系数 ε=1.1×10^4,适用于微量铁的测定。由于邻二氮菲与 Fe^{3+} 也能生成 3∶1 的配合物,呈淡蓝色,$\lg K_s$=14.1,所以在加入显色剂之前,需用盐酸羟胺将 Fe^{3+} 还原为 Fe^{2+},其反应式如下:

$$2Fe^{3+} + 2NH_2OH \cdot HCl == 2Fe^{2+} + N_2\uparrow + 2H_2O + 4H^+ + 2Cl^-$$

分光光度法测定物质的含量,一般采用标准曲线法(亦称工作曲线法),即配制一系列浓度由小到大的标准溶液,在实验条件下依次测出各标准溶液的吸光度。以溶液的浓度为横坐标,相应的吸光度为纵坐标,在坐标纸上绘制标准曲线。根据朗伯-比耳定律:$A=\varepsilon bc$,当入射光波长 λ 及光程 b 一定时,在一定浓度范围内,有色物质的吸光度 A 与该物质的浓度 c 成正比。在同样实验条件下,测定待测溶液的吸光度,根据测得吸光度值从标准曲线上查出相应的浓度值,即可计算试样中被测物质的质量浓度。

测绘标准曲线一般最少应配置 3～5 个浓度递增的标准溶液,作图时,坐标选择要适当,使直线的斜率约等于 1。

【实验仪器与试剂】
1. 仪器 721 型分光光度计,容量瓶(50mL),吸量管(1mL,2mL,5mL),洗耳球。

2. 试剂 标准铁溶液(100mg·L^{-1}),邻二氮菲(1.5g·L^{-1} 水溶液,用时配制),盐酸羟胺(100g·L^{-1} 水溶液,用时配制),NaAc 溶液(1.0mol·L^{-1}),待测含铁溶液。

【实验步骤】
1. 吸收曲线的绘制 用吸量管吸取 1mL 标准铁溶液(100mg·L^{-1}),移入 50mL 容量瓶中,加入 1mL 盐酸羟胺溶液,混匀,放置 2min,再加入 2mL 邻二氮菲溶液、5mL NaAc 溶液,用水稀释至刻度,摇匀。以试剂溶液(不加标准铁溶液)为参比溶液,在波长 470～530nm,每隔 10nm 测定一次吸光度,其中在 490～510nm 每隔 5nm 测定一次,数据记录于表 22-1 中。然后在坐标纸上以吸光度 A 为纵坐标,以波长 λ 为横坐标,绘制 A-λ 吸收曲线(图 22-1)。从吸收曲线上选择最大吸收波长 λ_{max} 作为测定波长。

2. 标准曲线的绘制 分别用吸量管吸取 0.00mL、0.40mL、0.80mL、1.20mL、1.60mL、2.00mL 标准铁溶液（100mg·L^{-1}）于 6 个 50mL 容量瓶中，然后再分别加入 1mL 盐酸羟胺溶液，2mL 邻二氮菲溶液，5mL NaAc 溶液，加水稀释至刻度，摇匀。以试剂溶液（不加标准铁溶液）为参比溶液，在所选定的波长下，测量各溶液的吸光度，数据记录于表 22-2 中。在坐标纸上，以吸光度 A 为纵坐标，以铁的浓度为横坐标，绘制 A-c 标准曲线（图 22-2）。

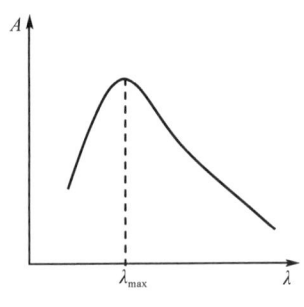

图 22-1 A-λ 吸收曲线

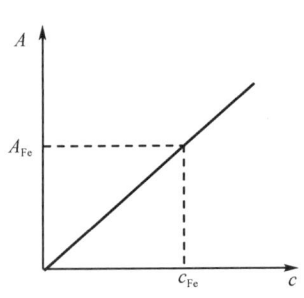

图 22-2 A-c 标准曲线

3. 样品中铁含量的测定 用吸量管吸取 1mL 待测液，置于 50mL 容量瓶中，分别加入 1mL 盐酸羟胺溶液，2mL 邻二氮菲溶液，5mL NaAc 溶液，加水稀释至刻度，摇匀。以试剂溶液为参比溶液，在所选定的波长下，测其吸光度，数据记录于表 22-2 中。在标准曲线上查出吸光度对应的样品溶液的浓度，然后计算样品中微量铁的含量（mg·L^{-1}）。

【实验结果和数据处理】

表 22-1 标准铁溶液在不同波长的吸光度

λ（nm）	470	480	490	495	500	505	510	520	530
A									

表 22-2 标准系列溶液和样品溶液的吸光度

编号	1	2	3	4	5	6	7
标准铁溶液（mL）	0.00	0.40	0.80	1.20	1.60	2.00	样品（稀释后）
吸光度 A							
溶液浓度（mg·L^{-1}）							

1. 绘制吸收曲线和标准曲线。
2. 计算样品中铁的含量（mg·L^{-1}）。

$$c_{样品} = \frac{c_{稀释后样品} \times 50\text{mL}}{1\text{mL}}$$

【注意事项】
1. 盛标准系列溶液及样品的容量瓶应编号，以免混淆。
2. 试剂的加入必须按顺序进行；定容后必须充分摇匀。
3. 绘制图表时，间隔要适当，使直线的斜率约等于 1。

【思考题】
1. 用邻二氮菲测定铁时，为什么要加入盐酸羟胺？试写出有关反应方程式。
2. 吸收曲线与标准曲线有何区别？

3. 透光率与吸光度两者关系如何？
4. 邻二氮菲与铁的显色反应，其主要条件有哪些？
5. 本次实验量取各种试剂时，应采用何种量器量取较为合适？为什么？

【附录】

721 型分光光度计的使用方法

721 型分光光度计是在可见光谱区域内使用的一种单光束型仪器，工作波长范围为 360～800nm，其工作原理及使用方法如下：

1. 工作原理　当一束强度为 I_0 的单色光照射有色溶液时，若透射光的强度为 I，则入射光强度与透射光强度之比的对数与液层厚度及溶液的浓度 c 的乘积成正比，即

$$A = \lg \frac{I_0}{I} = \lg \frac{1}{T} = \varepsilon bc$$

这是朗伯-比耳定律的数学表达式，式中，A 为吸光度；I_0 为入射光强度；I 为透射光强度；T 为透射比；ε 为摩尔吸光系数；c 为被测物浓度；b 为液层厚度（光程长度）。

如果入射光波长和液层厚度不变，在一定浓度范围内，有色物质的吸光度 A 与该物质的浓度 c 成正比。

分光光度法测定有色物质的含量分 3 步：

（1）测定有色物质的吸光度，确定最大吸收峰对应的波长。

（2）将波长调到最大吸收峰波长处，测定一系列已知浓度溶液的吸光度，并绘制标准曲线。

（3）在相同条件下测定未知溶液的吸光度，从标准曲线上找出吸光度对应的未知溶液的浓度。

2. 使用方法　721 型分光光度计的外形如图 22-3 所示，正面示意图如图 22-4 所示。

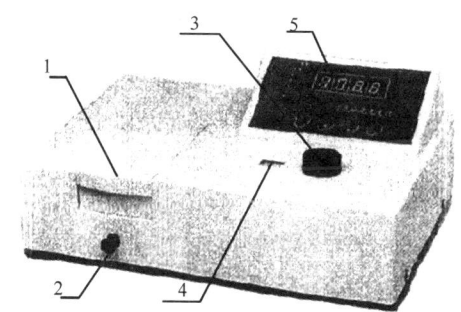 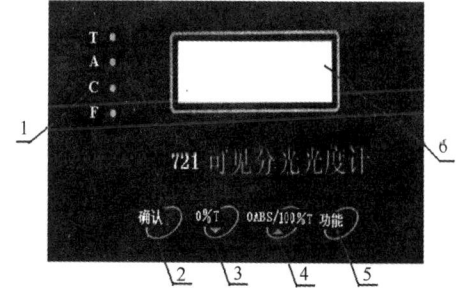

图 22-3　721 分光光度计　　　　　　图 22-4　721 分光光度计面板
1. 样品室盖门；2. 样品架拉杆；3. 波长旋钮；4. 波长显示窗口；5. 数据显示窗口
1. 状态显示；2. 确认键；3. 0%T 键；4. 0ABS/100%T 键；5. 功能键；6. 数据显示窗口

使用方法如下：

（1）接通电源，打开仪器开关，预热 20min。

（2）调节波长调节旋钮，选择需用的单色光波长。

（3）按"功能"键设置测试模式为透射比（T），打开样品室盖，将 0%T 校具（黑体）放入比色皿槽中，置入光路，盖上样品室盖。按"0%T"键，此时显示屏显示"0.000" T 后取出黑体。

（4）将参比溶液和待测溶液分别装入比色皿中，用擦镜纸擦净外壁，将盛有溶液的比

色皿依次置于比色皿槽中（一般情况下参比溶液放在第一个比色皿槽中），盖上样品室盖。

（5）将参比溶液推（拉）入光路，按"功能"键设置测试模式为透光率"T"，按"0ABS/100%T"键，此时显示器显示"100.0"%T。按"功能"键，将测试模式转换在吸光度"A"方式下，此时显示器显示"0.000"A。

（6）将待测溶液推入光路，此时显示器上显示的即是待测溶液的吸光度值。

（7）测量完毕，切断电源，洗净比色皿，倒置晾干后放回比色皿盒内。

3. 注意事项

（1）测定时，比色皿应先用去离子水淋洗，然后用被测溶液洗涤三次，避免待测液的浓度发生变化。

（2）溶液装入比色皿后，先用滤纸吸干比色皿外部的水分，再用擦镜纸将其外部擦净。注意保护比色皿的透光面，勿产生斑痕。拿比色皿时，手指应捏住毛玻璃的两面。

（3）仪器连续使用时间不应超过2h，最好是间歇半小时后，再继续使用。

（4）仪器内的硅胶干燥剂如受潮变色，应立即更换。

（锦州医科大学　赵　杰）

实验二十三　磺基水杨酸合铁(Ⅲ)的组成及稳定常数的测定

【实验目的】

1. 了解等摩尔连续变换法测定配合物组成及稳定常数的原理和方法。

2. 进一步学习分光光度计的使用及有关实验数据的处理方法。

【实验原理】

磺基水杨酸（简式为 H_3R）可以与 Fe^{3+} 形成稳定的有色配合物。配合物的组成随溶液 pH 的不同而改变，在 pH=2~3 时，生成 1∶1 的红色螯合物（简记为 ML），反应式如下：

Fe^{3+} + [磺基水杨酸结构式] ⇌ [螯合物结构式] + $2H^+$

pH=4~9 时，生成 1∶2 的红色螯合物（ML_2）；pH=9~11 时，生成 1∶3 的黄色螯合物（ML_3）；pH>12 时，有色螯合物被破坏生成 $Fe(OH)_3$ 沉淀。本实验在 pH<2.5 的条件下进行测定，溶液的 pH 通过加入 $HClO_4$ 来控制。

根据朗伯-比耳定律：$A=\varepsilon bc$，当入射光波长及光程一定时，溶液的吸光度只与有色配合物的浓度成正比。据此，本实验采用等摩尔连续变换法（或称等摩尔系列法），通过分光光度计测定溶液的吸光度，然后求出配合物的组成和稳定常数。

等摩尔连续变换法就是将金属离子（M）和配体（L）按不同物质的量（摩尔）比混合，配制一系列等体积溶液，这一系列溶液中金属离子和配位体二者的总物质的量（摩尔数）不变，但金属离子和配位体各自的摩尔分数连续改变。在一定波长的单色光下分别测定这一系列溶液的吸光度。当溶液中金属离子与配位体浓度之比与配合物的组成一致时，配合物（ML_n）浓度最大，吸光度也就最大。若以吸光度为纵坐标，以配体的摩尔分数为横坐标作图，所得的"吸光度-配体摩尔分数"曲线，一定会出现极大值，如图 23-1 所示。将曲线两边的直线部分延长相交于 D 点，D 点对应的吸光度值 A_1 最大。由 D 点对应的摩尔分数值可计算配合物中金属离子与配位体的摩尔数之比，即可求得配合物 ML_n 中配位体的数目 n。例如：

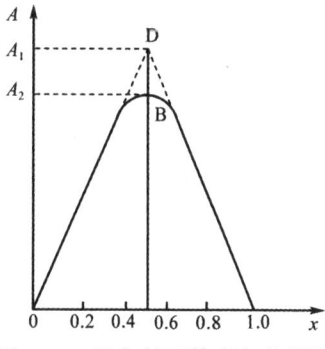

图 23-1　吸光度-配体摩尔分数图

$$n = \frac{配体摩尔数}{中心离子摩尔数} = \frac{配体摩尔分数}{中心离子摩尔分数} = \frac{0.5}{1-0.5} = 1$$

则配合物组成为 ML 型，即该配合物为 1∶1 配合。

配合物的稳定常数亦可根据图 23-1 求得，对于配合物 ML，若它全部以 ML 形式存在，则其最大吸光度应在 D 点，即吸光度为 A_1。但由于配离子有一部分解离，其浓度

要稍小一些,所以实验测得的最大吸光度在 B 点,其值为 A_2,因此配离子的解离度 α 可表示为:

$$\alpha = \frac{A_1 - A_2}{A_1} \times 100\%$$

配合物的稳定常数 K_s 可由下列平衡式导出:

$$\text{ML} \rightleftharpoons \text{M} + \text{L}（电荷省去）$$

起始浓度：　　　　　　　　c　　　　　0　　　0

平衡浓度：　　　　　　　$c-c\alpha$　　　$c\alpha$　$c\alpha$

$$K_s = \frac{[\text{ML}]}{[\text{M}][\text{L}]} = \frac{c(1-\alpha)}{c^2\alpha^2} = \frac{1-\alpha}{c\alpha^2}$$

式中,c 为 D 点所对应的金属离子的物质的量浓度。

【实验仪器与试剂】

1. 仪器　721 型分光光度计,容量瓶(100mL),烧杯(50mL),吸量管(10mL),移液管(10mL)。

2. 试剂　Fe^{3+} 溶液(0.0100 mol·L^{-1})[用分析纯 $NH_4Fe(SO_4)_2·12H_2O$ 晶体溶于 0.01mol·L^{-1} $HClO_4$ 中配成],磺基水杨酸(0.0100mol·L^{-1})(用分析纯磺基水杨酸溶于 0.01mol·L^{-1} $HClO_4$ 中配成),$HClO_4$(0.01mol·L^{-1})。

【实验步骤】

1. 溶液的配制

(1) 配制 0.001 00mol·L^{-1} Fe^{3+} 溶液:用 10mL 移液管吸取 10.00mL 0.0100mol·L^{-1} 的 Fe^{3+} 溶液,移入 100mL 容量瓶中,用 0.01mol·L^{-1} $HClO_4$ 溶液稀释至刻度,摇匀,备用。

(2) 配制 0.001 00mol·L^{-1} 磺基水杨酸(H_3R)溶液:用 10mL 移液管吸取 10.00mL 0.0100mol·L^{-1} 的磺基水杨酸溶液,移入 100mL 容量瓶中,用 0.01mol·L^{-1} $HClO_4$ 溶液稀释至刻度,摇匀,备用。

2. 吸光度的测定

(1) 用 10mL 吸量管按表 23-1 列出的用量吸取各溶液,分别移入已编号的干燥的 50mL 小烧杯中,混匀各溶液。

(2) 接通分光光度计电源,选定波长为 500nm,调整好仪器。

(3) 取 4 支 2cm 的比色皿,以 1$^\#$(或 11$^\#$)为参比溶液,测定 2$^\#$～11$^\#$(或 1$^\#$～10$^\#$)溶液的吸光度,数据记录于表 23-1 中。

表 23-1　磺基水杨酸合铁(Ⅲ)的组成及稳定常数的测定

溶液编号	$HClO_4$ (mL)	Fe^{3+} (mL)	H_3R (mL)	H_3R 摩尔分数	吸光度 A
1	10.0	10.0	0.0		
2	10.0	9.0	1.0		
3	10.0	8.0	2.0		
4	10.0	7.0	3.0		
5	10.0	6.0	4.0		
6	10.0	5.0	5.0		

续表

溶液编号	$HClO_4$(mL)	Fe^{3+}(mL)	H_3R(mL)	H_3R摩尔分数	吸光度 A
7	10.0	4.0	6.0		
8	10.0	3.0	7.0		
9	10.0	2.0	8.0		
10	10.0	1.0	9.0		
11	10.0	0.0	10.0		

【实验结果和数据处理】

1. 作图：以磺基水杨酸（H_3R）的摩尔分数为横坐标，吸光度 A 为纵坐标作图，并将曲线两边的直线部分延长，从图中找出最大吸光度。

2. 计算磺基水杨酸合铁（Ⅲ）的组成及其稳定常数。

【注意事项】

1. 盛标准系列溶液的烧杯应编号，以免混淆。

2. 比色皿应先用去离子水淋洗，然后用待测溶液冲洗2~3次。

3. 取放比色皿时，手拿毛玻璃面，使透光玻璃面通过光路。

【思考题】

1. 酸度对测定配合物的组成有什么影响？
2. 实验中加入一定量的 $HClO_4$ 溶液，其目的是什么？
3. 等摩尔系列法测定配合物的稳定常数的适用范围是什么？
4. 若入射光不是单色光，能否准确测出配合物的组成与稳定常数？
5. 为什么说溶液中金属离子与配体摩尔数之比正好与配合物组成相同时，配合物的浓度最大？

（锦州医科大学　赵　杰）

实验二十四　分子荧光法测定奎宁的含量

【实验目的】

1. 熟悉分子荧光分光光度计的使用原理，掌握仪器的基本操作。

2. 了解溶液的荧光线性。

3. 了解荧光发射光谱的扫描与参数设置。

4. 测定未知样品中奎宁的含量。

【实验原理】

奎宁（quinine），俗称金鸡纳霜，茜草科植物金鸡纳树及其同属植物的树皮中的主要生物碱。化学名称为金鸡纳碱，分子式为 $C_{20}H_{24}N_2O_2$。1820 年佩尔蒂埃和卡芳杜首先制得奎宁纯品，它是一种可可碱和 4-甲氧基喹啉类抗疟药，是快速血液裂殖体杀灭剂。它在稀酸溶液中是荧光强度较高的物质，通常有两个激发波长 250nm 和 350nm，荧光最大强度发射波长峰在 450nm。本次实验，以 250 nm 为激发波长，测定发射光谱，记录发射峰的强度。在一定的浓度范围内，荧光强度与奎宁物质的量浓度呈线性关系：$I_f = k \times c$，根据这个标准曲线，测定并计算出未知样品中的奎宁含量。

【实验仪器与试剂】

1. 仪器　上海棱光荧光分光光度计，5 个 5mL 小烧杯，5 个 50mL 容量瓶，1 个废液缸，1 个紫外灯，10mL 带刻度移液管，四通光荧光比色皿。

2. 试剂　$10.0 \mu g \cdot mL^{-1}$ 奎宁储备液，$0.05 mol \cdot L^{-1}$ H_2SO_4 溶液，去离子水。

【实验步骤】

1. 标准溶液的配制　取 5 个 50 mL 的容量瓶，分别加入 0.00mL、2.00mL、4.00mL、6.00mL、8.00mL 的 $10.0 \mu g \cdot mL^{-1}$ 奎宁储备液，用 $0.05 mol \cdot L^{-1}$ H_2SO_4 溶液稀释至刻度，摇匀。

2. 观察样品的荧光　将标准溶液的浓度从低到高排列，放在紫外灯下。将紫外灯的开关调到 254 nm 处，观察并拍摄样品的荧光照片。

3. 荧光发射光谱的确定　首先，取 3mL 溶液，放入样品槽。将激发波长固定在 250nm，激发和发射狭缝分别设定为 5nm 和 5nm，扫描速度为 1000nm/min，在 353～590nm 范围内扫描即得荧光发射光谱。从谱图中找出最大发射波长值与相应的强度，用笔准确记录。从中读出发射峰处对应的荧光发射强度，每个样品扫描三次，所得结果记录于表 24-1 中。

表 24-1　奎宁标准溶液的配置

样品浓度	荧光强度	平均值

4. 标准曲线的确立 以荧光强度平均值为纵坐标，系列标准溶液的浓度为横坐标作图，得到标准溶液的荧光强度标准曲线，同时将数据绘制于试验报告中。其对应线性关系为：$I = b + k \times c$（$\mu g \cdot mL^{-1}$），其中 $b =$ _____，$k =$ _____。

5. 未知样品的测定 取约 3 mL 待测样品，按照与标准溶液同样的条件测定荧光强度。重复试验三次，求出强度的平均值。以此平均值为纵坐标 I，按照从标准曲线 $I = b + k \times c$，解出对应的浓度 c，其中 k 已于实验步骤 4 中求得，将所得数值记录于表 24-2 中。

表 24-2 未知样品浓度测定结果

编号	荧光强度			平均值	标准偏差	浓度（$\mu g \cdot mL^{-1}$）

【注意事项】

1. 注意不要触摸荧光分光光度计上的开关，以免破坏氙灯。

2. 开机顺序为，先开总开关，再开氙灯，而关机时却刚好相反。

3. 荧光比色皿易碎，使用时注意轻拿轻放。

4. 使用比色皿后，注意清洗干净，方便他人使用。

【思考题】

1. 可以用 1mL 的溶液来测量发射光谱吗？
2. 如何绘制荧光发射光谱？
3. 哪些因素可能会对奎宁荧光产生影响？

（锦州医科大学　李　丹）

实验二十五　离子选择电极法测定饮用水中含氟量

【实验目的】
1. 掌握电位法的基本原理。
2. 学会使用离子选择性电极测定饮用水中含氟量。

【实验原理】
氟离子选择性电极是以氟化镧单晶片为敏感膜的电位法指示电极，对溶液中的氟离子具有良好的选择性。

用氟离子选择性电极测定水样时，以氟离子选择电极作指示电极，以饱和甘汞电极作参比电极，组成的测量电池为：

Ag｜AgCl（s）｜NaF，NaCl（0.1mol/L）｜LaF$_3$膜｜待测液‖饱和 KCl｜Hg$_2$Cl$_2$｜Hg

$$E（电池）= E（SEC）- E（F）$$
$$= E（SCE）- k + RT/F \ln\alpha（F，外）$$
$$= K + RT/F \ln\alpha（F，外）$$
$$= K + 0.059 \ln\alpha（F，外）$$

式中，0.059 为常温下电极的理论响应斜率，K 与内外参比电极、内参比溶液中氟离子活度有关，当实验条件一定时为常数。

用离子选择电极测量的是溶液中离子活度，而通常定量分析需要测量的是离子的浓度，不是活度。所以必须控制试液的离子的强度。如果测量试液的离子强度维持一定，则用氟离子选择性电极测量氟离子时，最适宜pH范围为 5.5～6.5。pH 过低，易形成 HF，影响氟离子的活度；pH 过高，易引起单晶膜中 La^{3+} 的水解，形成 La（OH）$_3$，影响电极的响应。故通常用 pH 为 6 的柠檬酸盐缓冲溶液来控制溶液的 pH。柠檬酸盐还可以消除 Al^{3+}、Fe^{3+}的干扰。

【实验仪器与试剂】
1. 仪器　离子计或 pH/mV 计，电磁搅拌器，氟离子选择电极，饱和甘汞电极，容量瓶（50mL），移液管（5mL，25mL），量筒（5mL），塑料烧杯，滤纸。
2. 试剂　氟离子标准溶液（0.1000mol·L^{-1}），柠檬酸盐缓冲溶液（0.5mol·L^{-1}）（用 1∶1 盐酸中和至 pH 约为 6），去离子水。

【实验步骤】
1. 预热及电极安装　将氟电极和饱和甘汞电极分别与离子计或 pH/mV 计相接，开启仪器开关。
2. 清洗电极　取去离子水 50～60mL 至 100mL 的烧杯中，放入搅拌磁子，插入氟电极和饱和甘汞电极，开启搅拌器，2～3min 后，若读数大于 -200mV，则更换去离子水，继续清洗，直至读数小于 -200mV。

3. 工作曲线法

（1）标准溶液的配制及测定：准确移取 5.00mL 0.1000mol·L^{-1} 的氟离子标准溶液于 50mL 容量瓶中，加入 0.5mol·L^{-1} 的柠檬酸盐缓冲溶液 5.00mL，用去离子水稀释至刻度，摇匀。用逐级稀释法配成浓度为 10^{-2}mol·L^{-1}、10^{-3}mol·L^{-1}、10^{-4}mol·L^{-1}、10^{-5}mol·L^{-1}、10^{-6}mol·L^{-1} 的一组标准溶液，逐级稀释时，需要添加 5.00 mL 的柠檬酸盐缓冲溶液。

将稀释的标准溶液倒出部分于塑料烧杯中，放入搅拌磁子，插入经洗净的电极，搅拌 1min，停止搅拌后，读取稳定的电位值（或一直搅拌，待读数稳定后，读取电位值）。按顺序从低至高的浓度依次测量，每测量一份溶液，无需清洗电极，只需用滤纸沾去电极上的水珠。测量结果记入表25-1。

（2）水样的测定：取水样 25.00mL，置于 50mL 的容量瓶中，加 0.5mol·L^{-1}L 柠檬酸钠缓冲溶液 5.00mL，用去离子水稀释至刻度并摇匀。倒出部分于塑料烧杯中，放入搅拌磁子，插入干净的电极，按上述操作方法进行测定，读取稳定电位值 E。测量结果记入表 25-1。

【实验结果和数据处理】

表 25-1 标准溶液和水样的测定结果

c_{F^-} (mol·L^{-1})	10^{-2}	10^{-3}	10^{-4}	10^{-5}	10^{-6}	水样
E_i (mV)						

1. 用系列标准溶液的数据，在坐标纸上绘制 $E - \lg c_{F^-}$ 曲线。

2. 根据水样测得的电位值 E，从标准曲线上查到其氟离子浓度，计算水样中氟离子的含量（以 mol·L^{-1} 计）。

【注意事项】

1. 实验中要使用去离子水。

2. 安装电极时，先安装甘汞电极，后安装氟离子电极。

【思考题】

1. 在使用氟离子选择电极时应注意哪些问题？

2. 柠檬酸盐在测量溶液中起哪些作用？

3. 氟离子选择电极在测定试样与标准溶液时，为什么用磁力搅拌器，并使试样与标准溶液搅拌速度相等？

4. 使用氟离子选择电极时在去离子水中与饱和甘汞电极组成电池，电动势达±200mV 后才能正常使用，为什么？

5. 在测量时，电极用蒸馏水清洗后，为什么用滤纸擦干才能进行测试？

（锦州医科大学　冯　宇）

第二篇 有机化学实验

实验二十六 常压蒸馏

【实验目的】

1. 了解常压蒸馏的原理和用途。

2. 掌握常压蒸馏的基本操作。

【实验原理】

将液体加热至沸腾，使液体气化，然后使蒸出的蒸气冷凝为液体，这两个过程的联合操作称为蒸馏。蒸馏广泛地应用于分离、提纯液体有机化合物，以及将挥发性液体与不挥发性物质分开，也用于测定纯净液体有机物的沸点。

一般说来，当液体混合物沸腾时，液体上面的蒸气组成与液体混合物的组成不同，蒸气组成富集的是易挥发的组分，即低沸点的组分。假如把沸腾时液体上面的蒸气进行收集并冷却成液体，这时冷却收集到的液体组成与蒸气的组成相同。随着易挥发组分的蒸出，混合物的沸点稍有升高，这是由于混合物中的易挥发组分将变少，其组成发生了变化。当温度相对稳定时，收集到的蒸出液将是混合物的一个纯组分。如果两个组分的沸点相差较近（$\Delta bp < 30℃$），用蒸馏的方法分离混合物中的两个组分将是不适用的。

将盛有液体的烧瓶放在石棉网上，下面用煤气灯加热，在液体底部和玻璃受热的接触面上就有蒸气的气泡形成。溶解在液体内部的空气或以薄膜形式吸附在瓶壁上的空气有助于这种气泡的形成，玻璃的粗糙面也起促进作用。这样的小气泡（称为气化中心）可以作为大的蒸气气泡的核心，在沸点时，液体释放出大量蒸气至小气泡中。待气泡中的压力增加到超过大气压，蒸气的气泡就上升溢出液面。因此，假如液体中有许多小空气时，液体就可以平稳地沸腾。如果液体中几乎不存在空气，瓶壁又非常洁净光滑，形成气泡就非常困难，这样加热时，液体的温度可能上升到超过沸点很多而不沸腾，这种现象称为"过热"。一旦有一个气泡生成，由于液体在此温度时的蒸气压已远远超过大气压和液柱压力之和，因此上升的气泡增大非常快，甚至将液体冲溢出瓶外，这种不正常沸腾，称为"暴沸"。因而在加热前应加入沸石等以期引入气化中心，保证沸腾平稳。沸石一般为表面疏松多孔，吸附有空气的物体；也可以用一端封闭、开口向下的几根毛细管代替沸石。

蒸馏的过程可分为以下三个阶段：

第一阶段，随着加热，蒸馏瓶内的混合液不断气化，当混合液的饱和蒸气压与大气压相等时，液体沸腾。在蒸气未达到温度计水银球部位时，温度计内水银柱上升速度较慢。一旦水银球部位有液滴出现，温度计内水银柱急剧上升，直至接近易挥发组分沸点，水银柱上升变缓慢，开始有液体被冷凝而流出。这部分馏出液称为前馏分（或馏头）。一般这部分组分的沸点低于要收集组分的沸点，因此，常作为杂质弃掉。有时被蒸馏的液体几乎没有馏头，但也应该将蒸馏出来的前 1～2 滴液体作为冲洗仪器的馏头去掉，不要收集到馏分中去，以免影响产品的质量。

第二阶段，馏头蒸出后，温度稳定在沸程范围内，沸程范围越小，组分纯度越高。此时，馏出来的液体称为馏分，是所要的产品。随着馏分的蒸出，蒸馏瓶内混合液体的体积不断减少，直至温度超过沸程，即可停止接收。液体的沸程常可代表它的纯度，纯粹的液体沸程一般不超过 1~2℃。

第三阶段，如果混合物中只有一种组分需要收集，此时，蒸馏瓶内剩余的液体应作为残留物弃掉。如果是多组分蒸馏，第一组分蒸馏完后温度上升至第二组分沸程前馏出的液体，则是第一组分的馏尾又是第二组分的馏头，当温度稳定在第二组分沸程时，即可接收第二组分。

【实验仪器与试剂】

1. 仪器　铁架台（铁夹）、圆底烧瓶、温度计、蒸馏头、直形冷凝管、接引管、锥形瓶。

2. 试剂　自来水。

【实验步骤】

1. 蒸馏装置及安装　常用的蒸馏装置如图 26-1 所示，主要由蒸馏烧瓶、蒸馏头、温度计套管、温度计、直形冷凝管、接引管和接收瓶组成。

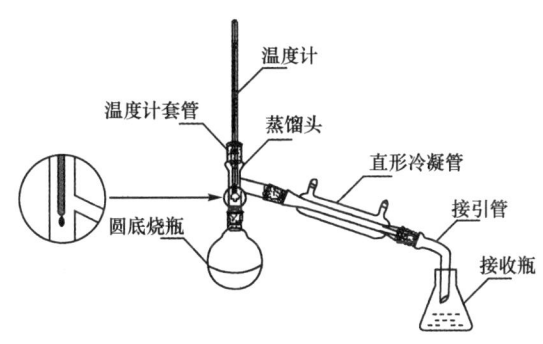

图 26-1　蒸馏装置

安装仪器过程中应注意以下几点：

（1）安装仪器的顺序：首先根据热源选定圆底烧瓶的高低位置，然后以它为基准，自下而上，依次连接其他仪器。安装好的仪器，其竖直部分应垂直于实验台，各仪器的中轴线都要在同一平面上，且该平面与实验台的边缘平行。所有的铁夹和铁架台都尽可能整齐地放置于仪器背后。

（2）各铁夹不宜夹得太紧或太松，以夹住后稍用力尚能转动为宜。铁夹内要垫以橡胶等软性物质，以免夹破仪器。S 形夹的缺口应朝上，铁夹的螺旋钮应向上。

（3）温度计的选择：应使其量程高于被蒸馏物沸点至少 20℃。为了保证所测温度的准确性，应使温度计水银球的上限和蒸馏头支管的下限处在同一水平线上。

（4）用水冷却时，冷凝管外套中通水（冷凝管下端的进水口用橡胶管接至自来水龙头，上端的出水口以橡胶管导入水槽），上端的出水口应向上，以保证冷凝管的套管中始终充满水。

（5）在同一实验台上装置几套蒸馏装置且相互间的距离较近时，各套装置的相对位置必须是蒸馏瓶对蒸馏瓶，或是接收瓶对接收瓶。避免使一套装置的蒸馏瓶与另一套装置的接收瓶相邻，这样有着火的危险。

2. 蒸馏操作

（1）加料：仪器安装好之后，取下温度计套管和温度计，在蒸馏头上放置一个长颈漏斗，小心将待蒸馏液体倒入蒸馏瓶中，注意不要使液体从支管流出。再加入2～3粒沸石。

（2）加热：加热前，应检查仪器的气密性，原料、沸石等是否加好，冷凝水是否通入，一切无误后方可加热。一旦液体沸腾，温度计水银球部位出现液滴时，控制加热温度，蒸馏速度控制在以每秒1～2滴为宜。整个蒸馏过程中，使温度计水银球上常有被冷凝的液滴滴下。此时的温度即为液体和蒸气平衡时的温度，温度计的读数就是液体（馏出液）的沸点。

（3）收集馏分：蒸馏前，至少要准备两个接收瓶，分别用来收集前馏分和馏分。当温度稳定后，记下液体开始馏出时和最后一滴时温度计的读数，即是该馏分的沸程（沸点范围）。在所需要的馏分蒸出后，若再继续升高加热温度，温度计的读数会显著升高，继续蒸馏所得馏分为高沸点杂质，若维持原来的加热温度，就不会再有馏分蒸出，温度会突然下降。这时就应停止蒸馏。即使杂质含量极少，也不要蒸干，以免蒸馏瓶破裂及发生其他意外事故。

（4）蒸馏完毕：先停止加热，稍冷后停止通水，拆下仪器。拆除仪器的顺序和安装的顺序相反，先取下接收瓶，然后拆下接引管、冷凝管、蒸馏头和圆底烧瓶等，并清洗干净。

【实验结果和数据处理】

实验结果与数据处理请填入表26-1中。

表26-1 电导率的测定

自来水的电导率	
蒸馏水的电导率	

【注意事项】

1. 选用蒸馏瓶的大小应由所蒸馏的液体体积来决定。一般使蒸馏的液体体积不超过蒸馏瓶体积的2/3，也不少于1/3。因为液体过多，加热到沸腾时，液体可能冲入蒸馏头支管，而使馏分不纯，若装入的液体量太少时，则蒸气存于蒸馏瓶内不易馏出，而使馏分收集量减少。

2. 若采用浴液加热，浴温一般超过被蒸物沸点20～30℃为宜。液体沸点在80℃以下的液体可用水浴加热，液体沸点高于80℃以上者，可用油浴、沙浴等加热。若浴温太低，蒸馏速度太慢，甚至蒸不出来；若浴温太高，蒸馏速度过快，蒸馏瓶和冷凝器上部的气压过大，使大量蒸气来不及冷凝而逸出，导致产品损失、分离效果不好，或造成被蒸馏物过热分解，突发着火爆炸等事故。

3. 一般来说，液体沸点在130～150℃以下用直形冷凝管，其长短粗细，决定于被蒸馏物的沸点。沸点越低，蒸气越不易冷凝，则需选择长一些的冷凝管，内径相应粗；反之，沸点越高，蒸气越易冷凝，可用较短的冷凝管，内径也相应细。需注意的是，蛇形冷凝管不可斜装，以免使冷凝液停留在其中，阻塞了通道而发生事故。冷凝水的速率也很重要，液体沸点在70℃以下时，水速要快，100～120℃时，水速要缓，120～150℃时，水速要极缓慢；130～150℃时，则可以考虑改用空气冷凝管；超过150℃时，则必须用空气冷凝管。

4. 在加热开始后若发现没加沸石，应停止加热，待稍冷却后再加入沸石。千万不可在沸腾或接近沸腾的溶液中加入沸石，以免在加入沸石的过程中发生暴沸。如果加热中断，再加热时应重新加入新沸石，因原来沸石上的小孔已被液体充满，不能再起气化中心的作用。

5. 无论进行何种蒸馏操作，蒸馏瓶内的液体都不能蒸干，以防止蒸馏瓶过热破裂或有过氧化物存在而发生爆炸。

6. 常压下的蒸馏装置必须与大气相通，否则会引起爆炸。在蒸馏易燃或有毒液体时，应在接引管的支管上连接橡胶管，将产生的尾气导入水槽。

7. 对被蒸馏物的性质应作尽可能多地了解。

8. 在一定压力下，凡纯净的化合物，都有一个固定的沸点，但是具有固定沸点的液体不一定都是纯净化合物。因为当两种以上的物质形成共沸物时，它们的液相组成和气相组成相同。这样的混合物用一般的蒸馏方法无法分离。

【思考题】

1. 为什么常压蒸馏装置不能密闭？

2. 蒸馏时加入沸石的作用是什么？如果蒸馏前忘加沸石，能否立即将沸石加至将近沸腾的液体中？进行蒸馏时若中途停顿，原先加入的沸石能否继续使用？

3. 在安装蒸馏装置时，温度计水银球插在液面上或者使其在蒸馏支管的上面是否正确？为什么？

4. 在蒸馏过程中火大小不变，为什么蒸了一段时间后，温度计的读数会突然下降？这意味着什么？

5. 如果液体具有恒定的沸点，那么能否认为该液体是纯的物质？

【附录】

DDS-11A 型精密电导率仪的使用方法：

DDS-11A 型精密电导率仪适用于测量蒸馏水、去离子水、饮用水、锅炉水、工业废水及一般液体的电导率，还可用于电子、化工、制药等行业检测高纯水的纯度（参见图 26-2）。DDS-11A 测量高纯度水时无人体感应现象，显示值准确，小数点位置和高、低测量频率随量程同步变换。

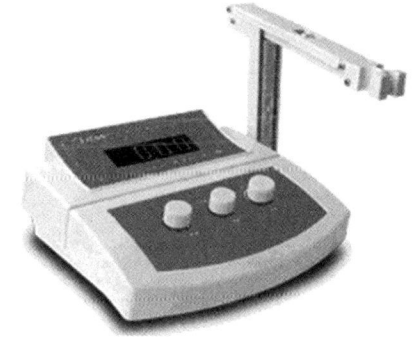

图 26-2 DDS-11A 型精密电导率仪

1. 开机 接通仪器电源，打开电源开关，将仪器预热 15min。

2. 电极的选择 正确选用电导电极对获得高准确度的测量结果至为重要，可根据需要测量的范围选择最合适的电导电极。

（1）当被测溶液的测电导率值低于 20μS/cm 时，应选用 DJS-1C 型光亮电极，当电导率大于此值时应选用 DJS-1C 型 BO 铂黑电极。

（2）当电导率≥10mS/cm 时应选用 DJS-10C 型电导电极，此时测量范围扩大 10 倍，20mS/cm 挡可测至 200mS/cm，2mS/cm 挡可测至 20mS/cm，这时测量值=显示数×10。

（3）当 0.1μS/cm≤电导率≤2μS/cm 时，应选用常数为 0.1 的电极，如测纯净水。

（4）当电导率≤0.1μS/cm 时，应选用常数为 0.01 的电极。例如：测量高纯净水或超纯净水。

3. 设置电极常数

（1）将仪器的选择开关置于 Cal 挡。

（2）根据电极帽上所标注的电极常数值调节仪器的常数旋钮，直至仪器显示此电极常数值。

例如：

设置常数为 1 的电极。如电极常数值为 0.85，这时需在仪器上设置电极常数，应调节常数旋钮使仪器显示 850（不论小数点位置）。若电极常数为 1.1，这时应调节常数旋钮使仪器显示 1100（不论小数点位置），此时，测量值=读数值×1。

设置常数为 10 的电极：若电极常数为 9.6，这时应调节常数旋钮使仪器显示 960（不论小数点位置），此时，测量值=读数值×10。

设置常数为 0.1 的电极：若电极常数为 0.11，这时应调节常数旋钮使仪器显示 1100（不论小数点位置），此时，测量值=读数值×0.1。

设置常数为 0.01 的电极：若电极常数为 0.0098，这时应调节常数旋钮使仪器显示 980（不论小数点位置），此时，测量值=读数值×0.01。

4. 测量　电极常数设置完毕后即可进行测量。

（1）将电极置于待测溶液中。

（2）将选择开关置于 Means 挡。

（3）将量程开关调节至相应量程挡，仪器开始测量样品，待测量数据稳定后，仪器显示值即为测量时温度下的电导率值。

在测量过程中，若显示屏首位为 1，后三位数字熄灭（溢出），这表示被测溶液的电导率值超出所设置的量程范围，此时应将"量程"开关切换到高一挡进行测量。

需要注意的是：量程正确的设置方法是置于溢出挡的高一挡量程进行测量，并且能在低一挡量程内测量的，不放在高一挡量程内测量。

（锦州医科大学　蔡　东）

实验二十七　熔点的测定

【实验目的】
1. 了解熔点测定的原理和意义。
2. 掌握熔点测定的操作方法。

【实验原理】

熔点是晶体物质的重要物理常数。熔点测定常用来鉴定有机化合物或者判断纯度。熔点是晶体物质在大气压力下固液两态共存达到平衡时的温度。一般来说，非晶体没有固定的熔点和凝固点。

有机晶体物质的熔点经常用毛细管法来测定。实际上此法测定不是一个温度点而是一个温度范围。有机晶体物质一般都有固定的熔点，固液两态之间的变化是非常敏锐的，从初熔至全熔（称为熔程）温度不超过 0.5～1℃。如该物质含有杂质，则其熔点往往较纯品低，且熔程也比较大。这对于鉴定纯固体有机化合物具有很大价值。

如果两种晶体物质相同，在任何比例混合时将有不变的熔点；相反，不同的两种晶体物质混合时若没有化学反应，熔点将比每一种纯物质都低，所以将有机晶体物质未知物与已知有机晶体对照物混合进行熔点测定，若熔点不改变，则可初步视为两者为同一物质；反之，为不同物质。因此，熔点测定的实际意义不仅可根据熔程的长短定性检验有机晶体物质的纯度，而且利用晶体物质混有杂质而熔点下降的现象，还可作为鉴定未知晶体有机物质的一种简便方法，称为混合熔点法。

熔点的测定原理可从物质的蒸气压与温度的曲线图来理解（图 27-1）。

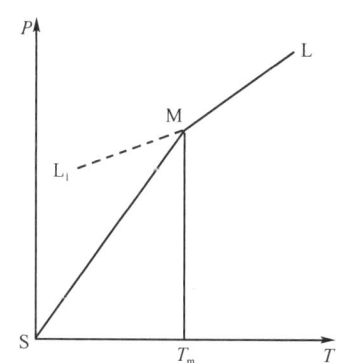

图 27-1　物质的温度与蒸气压曲线图

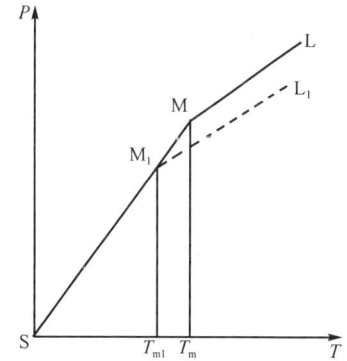

图 27-2　纯物质与不纯物质的蒸气压及熔点图

图 27-1 中 SM 为某纯物质固相的蒸气压随着温度升高而增大的曲线。ML 为该物质的液相的蒸气压曲线。M 点的气压为固相和液相同时共存时的蒸气压，其温度 T_m 为该固体物质的熔点。当温度高于 T_m 时，这时固相蒸气压已较液相的蒸气压大，使所有的固相全部转化为液相，若低于 T_m 时，则由液相转变为固相，只有当温度为 T_m 时，固液两相的蒸气压才是一致的，此时固液两相可同时共存。这就是纯粹晶体化合物有固定而敏锐熔点的原因。

当有杂质存在时，根据拉乌尔定律可知，在溶剂中增加溶质的摩尔数，会导致溶液饱和蒸气压降低。例如，图 27-2 中，ML 为纯 α-萘酚液相的蒸气压曲线，M_1L_1 为含有少量杂质（萘）时 α-萘酚的液相蒸气压曲线。纯α-萘酚的熔点为 T_m，含少量萘的 α-萘酚熔点为 T_{m1}，T_{m1} 比 T_m 低。由此可见，含杂质的物质熔点一定比纯物质熔点低。

【实验仪器与试剂】

1. 仪器　提勒管（b 形管）、熔点管温度计（200℃）、毛细管（内径 1～1.5mm）、长玻璃管、表面皿、橡皮圈、铁架台。

2. 试剂　液体石蜡、苯甲酸、尿素。

【实验步骤】

1. 样品的装填　取少许（约 0.1g）干燥待测的样品放在干燥清洁的表面皿上，用玻璃钉研成细末后聚成小堆，将熔点管开口一端垂直插入样品堆中，即有少许样品挤入熔点管中。然后将熔点管开口向上轻轻在桌面上敲击，使样品落入管底；另取一根长约 40cm 干净的玻璃管，垂直于表面皿上，将装有样品的熔点管由上端自由落下，重复几次，使样品装填紧密，装填高度为 2～3mm。研磨和装填样品要迅速，防止样品吸潮，装入样品如有空隙则传热不均匀，影响测定结果。黏附于管外的样品应擦干净，以免污染加热液。

2. 仪器的安装　将提勒管夹在铁架台上，提勒管内装入浴液，其液面高度达到叉管处即可，参见图 27-3。提勒管口装有开口的塞子，温度计插入塞子中，刻度面向塞子开口，便于观察温度。使温度计的水银球位于上下两个叉管之间，把装入样品的熔点管上端用橡皮圈套在温度计上，使熔点管下端有样品部分紧靠在温度计水银球中部，橡皮圈不要触到浴液。

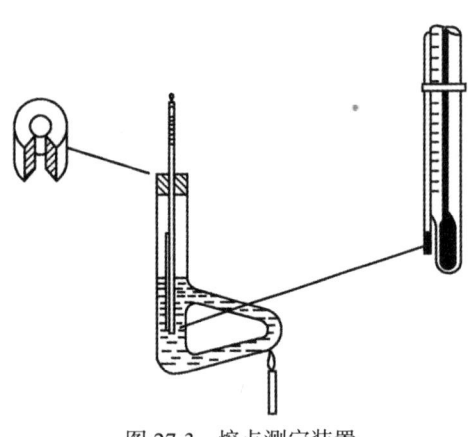

图 27-3　熔点测定装置

所用浴液为易导热液体，常用的有浓硫酸、液体石蜡、硅油等，视所需温度而选用。如果在 220℃以下，可用液体石蜡，液体石蜡比较安全，但易变黄。浓硫酸可达 250℃，但热的浓硫酸有强的腐蚀性，有机物与其接触，硫酸的颜色会变黑，妨碍观察，因此装填样品时，粘在管外的样品必须擦去。使用硫酸时应特别注意安全，以防灼伤皮肤。

3. 测定熔点　熔点测定的关键操作之一是要控制加热速度，使样品实际温度与温度计所示温度一致。

用煤气灯小火在提勒管弯曲支管的底部加热，先在快速加热下，粗测化合物的熔点，待浴液温度下降约 30℃后，换第二支熔点管进行精确测定。开始时升温速度可快些（每分钟上升 5～6℃），待离熔点 10～15℃时，调整火焰使每分钟上升 1～2℃，越接近熔点升温速度应越慢，每分钟 0.2～0.3℃，仔细观察温度上升和熔点管中样品的情况。当熔点管中的样品柱开始塌落和湿润出现小液滴时，表示样品开始熔化（即初熔），记下初熔的温度，继续观察，待固体样品恰好完全消失，熔化成透明液体（即全熔）时，再记下全熔时的温度，从初熔到全熔的温度范围即为该样品的熔点范围。例如，对苯二酚的初熔温度是 173℃，全熔温度是 174℃，则对苯二酚的熔点记作 173～174℃。

要注意观察在加热过程中是否有萎缩、变色、发泡、升华、碳化等现象，并作如实记录。每个样品至少要测定两次。每一次测定必须用新的熔点管另装样品，不得将已测过熔点的熔点管冷却，待其中样品固化后再作第二次测定用，因为某些化合物在加热过程中有时会部分分解，有些经加热会转变为具有不同熔点的其他结晶形式。

还有两点要注意：一是温度计不能在高温时取出突然冷却，否则水银柱迅速下降，往往会引起水银柱断成数段或温度计破裂；二是加热的液体（浴液）必须冷却后才可倒入回收瓶中。

【实验结果和数据处理】

实验结果和数据处理见表 27-1。

表 27-1 熔点的测定

物质	熔程		
	1	2	3
苯甲酸			
尿素			

【注意事项】

1. 样品的填装必须紧密结实，高度 2~3mm。

2. 熔点测定时，注意使温度计水银球位于 b 形管上下两叉口之间。

【思考题】

1. 加热的快慢对熔点测定有什么影响？
2. 是否可以使用第一次测定熔点时已经熔化了的有机化合物再做第二次测定呢？为什么？
3. 测定熔点时，若遇下列情况，将产生什么样的结果？
（1）熔点管的管壁太厚。
（2）熔点管底部未完全封闭，尚有一针孔。
（3）熔点管不洁净。
（4）样品未完全干燥或含有杂质。
（5）样品研得不细或装得不紧密。
4. 为什么在样品测定之前，要把样品研细，放在烘箱中烘干，否则熔点将降低。
5. 在什么情况下加热可以快一些？而在什么情况下加热则要慢一些？

（锦州医科大学　赵延清）

实验二十八　沸点的测定

【实验目的】

1. 了解沸点测定的意义。
2. 掌握微量法测定沸点的原理和方法。

【实验原理】

液体的蒸气压随温度升高而增大,当液体饱和蒸气压与外界压强相等时,液体呈沸腾状态,这时的温度称为该液体的沸点(boiling point,简写为b.p.)。沸点是液体有机化合物的重要物理常数之一,液体在未达到沸点温度时也会通过挥发变成气体。然而,挥发是一种发生在液体表面的现象,也就是说只有液体表面的分子才会挥发。沸腾则是液体整体的变化,处于沸点的液体的所有分子都会蒸发,不断地产生气泡。

纯液体有机化合物在一定的压力下具有一定的沸点(沸程0.5~1.5℃)。利用这一点,我们可以测定纯液体有机物的沸点。但也应注意,具有固定沸点的液体,有时不一定是纯化合物,某些有机化合物可以与其他物质形成二元或三元共沸混合物。

在记录一个化合物的沸点时,需要注明测定沸点时外界的大气压力,以便与文献值相比较。由于地区不同,地势高低有差异,实际大气压与标准大气压(100.0kPa)有一定偏差,故所测得的沸点和标准沸点不同。

本实验采用微量法测定甲苯的沸点。

【实验仪器与试剂】

1. 仪器　提勒管(b形管)、温度计(200℃)、毛细管(内径1~1.5mm)、沸点管、橡皮圈、铁架台。

2. 试剂　液体石蜡、乙醇(A.R.)。

【实验步骤】

微量法测定沸点可用图28-1所示的装置。取一根直径为3~4mm,长7~8cm的小玻璃试管作为沸点管,向其中加入2mL乙醇。再向该沸点管中放入一根长8~9cm,直径约1mm上端封闭的毛细管,然后将沸点管用橡皮圈固定于温度计水银球旁,将温度计连同微量沸点管一起放入装有液体石蜡的提勒管中小火加热。由于气体膨胀,毛细管中会有断断续续的小气泡冒出,超过样品的沸点时,将出现一连串的小气泡,此时应停止加热,使浴液温度自行下降,气泡逸出的速度即渐渐减慢。在最后一个气泡刚欲缩回至内管中的瞬间,表示毛细管内的蒸气压与外界压力相等,此时的温度即为该液体的沸点。

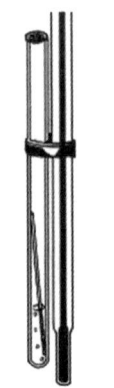

图28-1　沸点测定装置

【实验结果和数据处理】

实验结果与数据处理请填入表28-1中。

表 28-1 沸点的测定

样品	乙醇/℃
1	
2	
3	

(沸点)

【注意事项】

某些有机化合物与其他物质按一定比例组成混合物，它们的液体组分与饱和蒸气的成分一样，这种混合物称为共沸混合物或恒沸物，其沸腾温度称为共沸点。若共沸点低于组成此共沸混合物的两个纯组分的沸点，则称此共沸混合物具有最低共沸点。反之，则称此共沸混合物具有最高共沸点。例如，乙醇-水的共沸组成为乙醇溶液 95.6%（体积分数）、水 4.4%，共沸点 78.17℃；共沸混合物不能用蒸馏法分离。

【思考题】

1. 如果液体具有恒定的沸点，那么能否认为它是纯物质？
2. 为什么当最后一个气泡刚要缩进毛细管时的温度就是沸点？
3. 测沸点时是否应该记录大气压？

（锦州医科大学　赵延清）

实验二十九 折光率的测定

【实验目的】

1. 学习折光率测定的基本原理及意义。
2. 了解阿贝（Abbe）折光仪的构造。
3. 掌握用阿贝折光仪测定物质折光率的方法。

【实验原理】

光在不同介质中的传播速度是不相同的，所以光线从一个介质进入另一个介质，当它的传播方向与两个介质的界面不垂直时，则在界面处的传播方向发生改变，这种现象称光的折射现象（参见图29-1）。

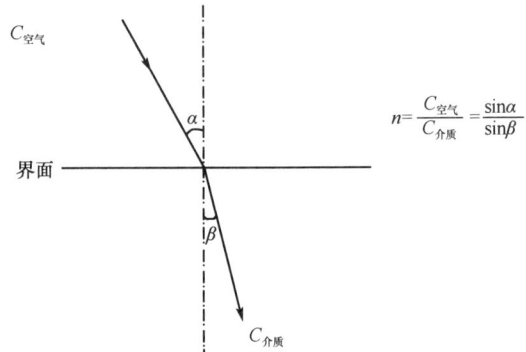

图 29-1 光线从空气进入（样品）时向法线偏折

光线在空气中的速度（$C_{空气}$）与它在液体中的速度（$C_{介质}$）之比定义为该液体的折光率（n）：

$$n = C_{空气} / C_{介质}$$

由折射定律可知，波长一定的单色光，在确定的外界条件下，从一个折射率为 N 的介质进入另一个折射率为 n 的介质，入射角 α 与折射角 β 有如下关系：$N\sin\alpha = n\sin\beta$，若前一介质为真空，则其折光率为1，于是

$$n = \sin\alpha / \sin\beta$$

可见，一个介质的折光率就是光线从真空进入这个介质时的入射角与折射角的正弦之比，这种折光率称为该介质的绝对折光率。通常是以空气作为标准的。

折光率是化合物的物理常数，固体、液体和气体都有折光率，尤其是液体记载更为普遍。不仅可以检测化合物纯度，也可用来鉴定未知物。折光率也用于确定液体混合物的组成。在蒸馏两种或两种以上的液体混合物且当各组分的沸点彼此接近时，那么就可利用折光率来确定馏分的组成。

物质的折光率不但与它的结构和光线波长有关，而且也受温度、压力等因素的影响。所以折光率的表示须注明所用的光线和测定时的温度，常用 n_D^t 来表示，t 表示温度，D 表示钠光。由于通常大气压的变化，对折光率的影响不显著，所以只在很精密的工作中，才考虑压力的影响。一般地说，温度升高 1℃，液体有机化合物的折光率就减小 $3.5 \times 10^{-4} \sim$

5.5×10^{-4}。某些液体，特别是测定折光率的温度与其沸点相近时，其温度系数可达 7×10^{-4}。在实际工作中，往往把某一温度下测定的折光率换算成另一温度下的折光率。为了便于计算，一般用 4×10^{-4} 为温度变化常数。这个粗略计算所得的数值可能略有误差。但却有一定参考价值。

用来测定液态物质折光率的仪器是 Abbe 折光仪，Abbe 折光仪精度高、使用简单、可重复性好。Abbe 折光仪的主要组成部分是两块玻璃直角棱镜，上面一块是测量棱镜，为光学平面镜，下面一块为表面是磨砂的辅助棱镜，可以开启。Abbe 折光仪的构造见图 29-2，左面为读数望远镜，有一个镜筒和刻度盘，上面刻度在 1.3000～1.7000 的范围内；右面的镜筒，是测量望远镜，

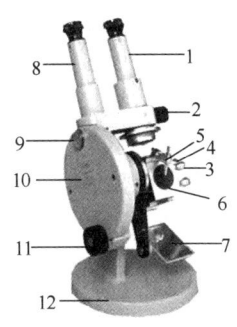

图 29-2　Abbe 折光仪
1. 测量望远镜；2. 消色散手柄；3. 恒温出水口；4. 温度插孔；5. 铰链；6. 棱镜组（辅助棱镜和测量棱镜）；7. 反射镜；8. 读数望远镜；9. 反光镜；10. 刻度盘罩；11. 棱镜转动手轮；12. 底座

用来观察折光情况，筒内装消色散镜。光线由反射镜反射入下面的辅助棱镜，以不同入射角射入两个棱镜之间的液层，然后再射到测量棱镜的光滑的表面上，由于它的折射率很高，一部分光线可以再经折射进入空气而达到测量望远镜，另一部分光线则发生全反射。调解螺旋以使测量望远镜中的视野如图 29-3 所示，即使明暗面的界线恰好落在"十"字交叉点上，记下读数，再让明暗界线由上到下移动，直至如图 29-3 所示，记下读数，如此重复 3 次。

图 29-3　临界角时目镜视野图

【实验仪器与试剂】

1. 仪器　阿贝折光仪、擦镜纸、滴管。

2. 试剂　丙酮、乙醇、蒸馏水。

【实验步骤】

1. 将阿贝折光仪置于靠窗口的桌上或白炽灯前，避免阳光直射，用恒温槽通入所需温度的恒温水于两棱镜夹套中，棱镜上的温度计应指示所需温度，否则应重新调节恒温槽的温度。

2. 松开锁钮，打开棱镜，滴 1～2 滴丙酮在辅助棱镜磨砂玻璃面上，合上两棱镜，待镜面全部被丙酮湿润后再打开，用擦镜纸轻擦干净，洗耳球吹干。

3. 校正　用重蒸蒸馏水较正。

打开棱镜，滴 1 滴蒸馏水于辅助棱镜镜面上，在保持辅助棱镜镜面水平情况下关闭棱镜，转动刻度盘罩外手柄（棱镜被转动），使刻度盘上的读数等于蒸馏水的折光率（$n_D^{20} = 1.3330$，$n_D^{25} = 1.3325$）调节反射镜使入射光进入棱镜组，并从测量望远镜中观察，使视场最明亮，调节测量镜（目镜），使视场十字线交点最清晰。

转动消色手柄，消除色散，得到清晰的明暗界线，然后用仪器附带的小旋棒旋动位于镜筒外壁中部的调节螺丝，使明暗线对准十字交点，校正即完毕。

4. 测定　用丙酮清洗镜面后，滴加 1～2 滴乙醇于磨砂棱镜上并使乙醇布满整个镜面，闭合两棱镜，旋紧锁钮。如样品很易挥发，可用滴管从棱镜间加液槽中滴入。转动棱镜转动手轮（棱镜被转动）使刻度盘上的读数为最小，调节反射镜使光进入棱镜组，并从测量望远镜中观察，使视场最明亮，再调节目镜，使视场十字线交点最清晰。

再次转动棱镜转动手轮使刻度盘上的读数逐渐增大,直到观察到视场中出现的半明半暗现象,如在交界处有彩色光带,这时转动消色散手柄,使彩色光带消失,得到清晰的明暗界线,继续转动棱镜转动手轮使明暗界线正好与目镜中的十字线交点重合。从刻度盘上直接读取折光率。测三次,算出测定的平均值。

【实验数据】

记录水的测定值并计算仪器的误差及乙醇的测定值。

【注意事项】

1. 折光仪棱镜必须注意保护,不能在镜面上造成刻痕,滴加液体时防止滴管口划镜面。

2. 每次擦拭镜面时,只许用擦镜纸同一方向轻擦,测试完毕,也要用丙酮洗净镜面,待干燥后在两棱镜镜面间加入一层擦镜纸再关上棱镜,以防镜面损坏。

3. 每次测定样品不能加太多,2~3滴即可。

4. 不能测量带有酸性、碱性或腐蚀性的液体。

5. 测量完毕,拆下连接恒温槽的胶皮管,棱镜夹套内的水要排尽。

6. 待测样品折射率不在1.3~1.7范围内,不能用阿贝折光仪测定。

7. 保持仪器清洁,严禁油手或汗手触及光学零件,若光学零件表面有灰尘可用高级鹿皮或长纤维的脱脂棉轻擦后用皮吹风吹去,如光学零件表面沾上了油垢应及时用乙醇乙醚混合液擦干净。

8. 若无恒温槽,所得数据要加以修正,通常温度升高 1℃,液态化合物折光率降低 $(3.5\sim5.5)\times10^{-4}$。

【思考题】

1. 测定折光率有何意义?
2. 如何正确使用阿贝折光仪?

(锦州医科大学　于丽丽)

实验三十　旋光度测定

【实验目的】
1. 了解旋光仪的结构、工作原理及其使用方法。
2. 掌握旋光度、比旋光度的概念及比旋光度的计算。

【实验原理】
单色光（钠光谱的 D 线即 589.3nm）通过起偏镜会产生直线偏振光，当偏振光通过装有光学活性（即旋光性）化合物液体的测定管时，偏振光的振动平面就会向左或向右旋转一定的角度，即该旋光性物质的旋光度。能使偏振光的振动面旋转一定角度的物质，称为旋光性物质。许多有机化合物，如葡萄糖、乳酸等，都具有旋光性。由于不同的物质使偏振光的振动面向不同的方向旋转，旋光性可分为左旋和右旋，当观察者迎着光线观察时，振动面向逆时针方向旋转称为左旋，振动面顺时针方向旋转称为右旋。旋光度，以 α 表示。旋光度的大小与光源的波长、温度、旋光性物质的种类、溶液的浓度及液层的厚度有关。对于特定的光学活性物质，在光源波长和温度一定的情况下，其旋光度 α 与溶液的浓度 c 和液层的厚度 L 成正比，即：$\alpha = KcL$。

当旋光性物质的浓度为 $100g \cdot mL^{-1}$，液层厚度为 1dm 时所得的旋光度称为比旋光度，以表示 $[\alpha]_\lambda^t$。由上式可知：$[\alpha]_\lambda^t = K \times 1 \times 1 = K$

即：$[\alpha]_\lambda^t = \dfrac{\alpha}{c \times L}$

式中：$[\alpha]$ 为比旋光度，单位为度；t 为温度，单位为 K；λ 为光源波长，单位为 nm；α 为旋光度，单位为度；L 为液层厚度或旋光管长度，单位为 dm；c 为溶液浓度，单位为 $g \cdot mL^{-1}$。

比旋光度与光的波长及测定温度有关。通常规定用钠光 D 线（波长 589.3nm）在 20℃ 时测定，在此条件下，比旋光度用 $[\alpha]_D^{20}$ 表示。因在一定条件下比旋光度 $[\alpha]_\lambda^t$ 是已知的，L 为一定，故测得了旋光度就可计算出旋光物质溶液中的浓度 c。

【实验仪器与试剂】
1. **仪器**　旋光仪、分析天平、100mL 容量瓶、烧杯、温度计、玻璃棒、洗瓶、胶头滴管、滤纸。
2. **试剂**　蒸馏水、5%葡萄糖溶液、未知浓度的葡萄糖溶液。

【实验步骤】
1. **预热**　打开旋光仪电源开关，预热 15～20min，待完全发出钠黄光后方可观察使用。
2. **调零**　按下测量开关，机器处于自动平衡状态。按复测 1～2 次，再按清零按钮清零。洗净样品管后装入蒸馏水，使液面略凸出管口。将玻璃盖沿管口边缘轻轻平推盖好，不要带入气泡，旋紧（旋紧不漏水为止，旋得太紧，玻片容易产生应力而引起视场亮度发生变化，影响测定准确度）螺丝帽盖。将样品管擦干后放入旋光仪，合上盖子。待小数稳定后，按清零按钮清零。

3. 测定 样品的测定和调零方法相同。

（1）把样品管用蒸馏水清洗 1～2 遍，再用少量 5%葡萄糖溶液润洗 2～3 遍，然后装上 5%葡萄糖溶液进行测定。逐次按下复测按键，取几次测量的平均值作为样品的测定结果。按下式求出比旋光度

$$[\alpha]_\lambda^t = \frac{\alpha}{c \times L}$$

（2）把样品管用蒸馏水清洗 1～2 遍，再用少量未知浓度葡萄糖溶液润洗 2～3 遍，然后装上未知浓度葡萄糖溶液进行测定。测定完后倒出样品管中溶液，用蒸馏水把管洗净，擦干放好。

按以上方法测定 5%葡萄糖溶液的旋光度 4～5 次，测定值填入表 30-1 相应位置。再测定未知浓度的葡萄糖溶液的旋光度 4～5 次，测定值填入表 30-1 表相应位置。

【实验结果和数据处理】

实验结果与数据处理请填入表 30-1 中。

表 30-1　旋光度的测定

	1	2	3	4	5
零点值					
零点平均值					
5%葡萄糖溶液的旋光度					
旋光度平均值					
差值*					
比旋光度					
未知浓度葡萄糖溶液的旋光度					
旋光度平均值					
差值*					
葡萄糖溶液浓度					

*差值=旋光度平均值−零点平均值

【注意事项】

1. 新配制的葡萄糖溶液要发生变旋光现象，溶液在 pH=7 时，变旋速度可以加快，故常加入一定量氨试液，以促进其变旋现象稳定。经高压灭菌的并放置长时间的葡萄糖注射液，其变旋现象已达平衡，可不加氨试液，即可测定。

2. 溶液测定前，应先用蒸馏水作空白校正零点，测定后再校正一次，以确定在测定时零点有无变化，若第二次校正零点有变化，则应重新测定溶液旋光度。

3. 旋光仪不要长时间开启，实验结束时，应将旋光管洗净干燥，防止酸对旋光管的腐蚀。

【思考题】

1. 根据实验现象，判断你所测的溶液是左旋溶液还是右旋溶液？
2. 为什么新配的糖液需放置一段时间后方可测定旋光度？
3. 测定物质旋光度有何意义？

（锦州医科大学　张晓枫）

实验三十一　开链烃的化学性质

【实验目的】
1. 验证开链烃的主要化学性质。
2. 掌握开链烃的鉴别方法。

【实验原理】

1. 烷烃的化学性质　烷烃是由碳、氢两种元素组成的有机化合物，分子中碳碳、碳氢之间都是共价单键，所以烷烃的化学性质比较稳定，在常温常压下不活泼，一般和氧化剂、还原剂、强酸、强碱、碱金属都不起明显的化学反应或反应很慢。但是烷烃的稳定性也是相对的，在光照下，烷烃可以和卤素发生游离基取代反应生成卤代烃的混合物。

2. 烯烃和炔烃

（1）烯烃的氧化：烯烃分子中含有碳碳双键，由于双键的存在，烯烃的化学性质比较活泼，最常见的反应为加成反应和氧化反应。烯烃可以被酸性高锰酸钾氧化，发生碳碳双键的断裂，可生成酮、羧酸和二氧化碳。

$$RCH=CH_2 \xrightarrow[H_3O^+]{KMnO_4} RCOOH + CO_2 + H_2O$$

$$RCH=CHR_1 \xrightarrow[H_3O^+]{KMnO_4} RCOOH + R_1COOH$$

$$\begin{matrix}R_3\\R_2\end{matrix}C=CHR_1 \xrightarrow[H_3O^+]{KMnO_4} \begin{matrix}R_3\\R_2\end{matrix}C=O + R_1COOH$$

氧化产物取决于原来烯烃的结构。可根据氧化产物来推测反应物烯烃的结构。

（2）烯烃的加成反应：烯烃能与卤素、氢卤酸、水、硫酸等试剂发生亲电加成反应。与卤素在常温下能反应，生成相应的邻二卤代烃。

$$>C=C< + Br_2 \longrightarrow -\underset{Br}{\overset{|}{C}}-\underset{Br}{\overset{|}{C}}-$$

3. 端基炔的特征反应　炔烃分子中具有碳碳三键，除具有一般不饱和烃的性质外，直接与三键碳原子相连的 H 原子易被金属取代生成炔烃的金属化合物，此反应可作为末端炔烃的鉴别反应。乙炔是炔烃中最简单也是最重要的代表物。

$$HC\equiv CH + 2[Ag(NH_3)_2]^+ \longrightarrow AgC\equiv CAg\downarrow + 2NH_4^+ + 2NH_3$$
乙炔银（白色）

【实验仪器与试剂】

1. 仪器　试管（大、小），试管夹，酒精灯，铁架台，带导管的塞子，烧杯（250mL、100mL），温度计，药匙，量筒。

2. 试剂　液体石蜡、汽油、饱和的溴水、碳化钙（电石）饱和的食盐水、0.05mol·L^{-1}硝酸银溶液、0.5mol·L^{-1}氨水溶液、3mol·L^{-1} H$_2$SO$_4$溶液、0.03mol·L^{-1} KMnO$_4$溶液、3%溴四氯化碳溶液。

【实验步骤】

1. 烷烃的性质

（1）氧化反应：取试管 1 支，加入 0.03mol·L^{-1} $KMnO_4$ 溶液 10 滴和 3mol·L^{-1} H_2SO_4 溶液 2 滴，摇匀，再加入液体石蜡 10 滴（为高级烷烃混合物，沸点在 300℃以上），震荡后观察有无颜色变化？记录并解释发生的现象。

（2）卤代反应：取 2 支干燥试管，分别加入液体石蜡 10 滴，再分别加入 3 滴 3%溴的四氯化碳溶液，摇匀试管使溶液混合均匀。把一支试管放在暗处；另一支试管放在阳光下，半小时后观察二者颜色变化，记录并解释发生的现象。

2. 烯烃的性质

（1）加成反应：取试管 1 支，加入饱和的溴水 5 滴，再加入汽油 10 滴（含有一定量的不饱和烃），震荡后观察有无颜色变化？记录并解释发生的现象。

（2）氧化反应：取试管 1 支，加入 0.03mol·L^{-1} $KMnO_4$ 溶液 2 滴和 3mol·L^{-1} H_2SO_4 溶液 2 滴，再加入汽油 10 滴（含有一定量的不饱和烃），震荡后观察有无颜色变化？记录并解释发生的现象。

3. 炔烃的性质

（1）乙炔的制取：在 1 支大试管里加入 3~4mL 饱和食盐水，再加入几小块碳化钙，立即有气体产生。将一团疏松的棉花塞进试管的上部，并塞上带导管的塞子。记录现象并写出化学反应式。

（2）加成反应、氧化反应和金属炔化物的生成：配置氯化亚铜氨溶液，在洗净的试管中放入 1g 氯化亚铜，加入 2mL 浓氨水和 10mL 水，用力摇动后静置片刻，取上层清液即为氯化亚铜氨溶液，插入铜丝储存。配制银氨溶液，在洗净试管中注入 1mL 0.05 mol·L^{-1} 硝酸银溶液，然后逐滴加入 0.5 mol·L^{-1} 氨水，边滴边振荡，直到最初生成的沉淀刚好溶解为止，即为银氨溶液。取试管 4 支，第一支试管中加入饱和的溴水 5 滴。第二支试管中加入 0.03 mol·L^{-1} $KMnO_4$ 溶液 20 滴和 3 mol·L^{-1} H_2SO_4 溶液 2 滴。第三支试管中加入上述氯化亚铜氨溶液 10 滴。第四支试管中加入硝酸银铵溶液 10 滴，将乙炔气体的导管分别插入准备好的 4 支试管中，观察有无颜色变化及发生什么现象？记录并解释发生的现象。

用玻璃棒挑出少量乙炔银，放在石棉网上，用小火加热，观察其爆炸情况。

【实验结果和数据处理】

实验结果与数据处理请填入表 31-1 中。

表 31-1　开链烃的化学性质

实验项目	现象	反应方程式或解释

【注意事项】

1. 乙炔银沉淀为白色,但是乙炔纯度不好时,常显较深的灰白色。乙炔亚铜为红色。

2. 制取乙炔时,电石与水反应进行非常猛烈,改用饱和食盐水代替水,可以产生平稳而且均匀的乙炔气。

3. 乙炔银和乙炔亚铜在干燥状态下,均具有高度的爆炸性,所以实验完毕后,金属炔化物不得乱扔,应及时用酸将其处理。制备乙炔时不需要加热。

【思考题】

1. 制取乙炔时为什么用饱和食盐水代替水与电石反应?
2. 金属炔化物有什么特性?实验完毕后应如何处理?

(锦州医科大学　贾云宏)

实验三十二 芳香烃的化学性质

【实验目的】
1. 掌握芳香烃的化学性质。
2. 掌握芳香烃常见的鉴别方法。

【实验原理】

1. 烷基苯氧化反应 由于芳香烃结构的特殊性，使芳香烃具有和不饱和烃不同的性质。芳香族有机化合物容易发生取代反应（硝化、卤化、磺化、傅氏反应）而不易发生加成反应。烷基苯中与苯环直接相连的碳原子上若有氢原子，则可与高锰酸钾或重铬酸钾的硫酸溶液反应，侧链可被氧化成羧基。

$$\text{C}_6\text{H}_5\text{CH}_3 \xrightarrow{\text{KMnO}_4/\text{H}^+} \text{C}_6\text{H}_5\text{COOH}$$

2. 侧链的取代反应 在没有催化剂存在下，甲苯的溴代作用，冷时进行较慢，加热或光照时反应进行较快，苯则在沸腾时也不起作用。溴代反应进行的标志是溴的颜色褪去和溴化氢气体的产生（可用浓氨水检验）。甲苯的溴代反应是在支链上进行，主要生成溴化苄，它有强烈的催泪作用。

$$\text{C}_6\text{H}_5\text{CH}_3 + \text{Br}_2 \longrightarrow \text{C}_6\text{H}_5\text{CH}_2\text{Br} + \text{HBr}$$

3. 环上的亲电取代反应 在铁粉催化剂存在下，苯、甲苯环上的氢原子都可以被溴原子取代，生成溴苯与邻位、对位溴代甲苯。

$$\text{C}_6\text{H}_6 + \text{Br}_2 \xrightarrow{\text{Fe}} \text{C}_6\text{H}_5\text{Br} + \text{HBr}$$

$$\text{C}_6\text{H}_5\text{CH}_3 + \text{Br}_2 \xrightarrow{\text{Fe}} o\text{-BrC}_6\text{H}_4\text{CH}_3 + p\text{-BrC}_6\text{H}_4\text{CH}_3 + \text{HBr}$$

苯、甲苯都很容易进行硝化反应。苯和甲苯的硝化反应常在混酸存在下进行，分别生成硝基苯和邻-硝基甲苯及对-硝基甲苯。增加混酸的相对含量或提高硝化反应的温度，可在芳环上引入第二个硝基，但比引入第一个硝基要困难（为什么？）。

$$\text{C}_6\text{H}_6 + \text{HNO}_3(\text{浓}) \xrightarrow[50\sim60\text{℃}]{\text{浓H}_2\text{SO}_4} \text{C}_6\text{H}_5\text{NO}_2（硝基苯）+ \text{H}_2\text{O}$$

$$\underset{}{\text{C}_6\text{H}_5\text{CH}_3} \xrightarrow{\text{H}_2\text{SO}_4/\text{HNO}_3} \underset{\text{邻}}{\text{CH}_3\text{-C}_6\text{H}_4\text{-NO}_2} + \underset{\text{对}}{\text{CH}_3\text{-C}_6\text{H}_4\text{-NO}_2}$$

【实验仪器与试剂】

1. 仪器 试管（大、小），试管夹，酒精灯，烧杯（250ml、100ml），温度计，药匙，量筒，石棉网。

2. 试剂 苯、甲苯、溴的四氯化碳溶液、无水 $AlCl_3$、浓 HNO_3、浓 H_2SO_4、铁粉、$0.03 mol \cdot L^{-1}$ $KMnO_4$ 溶液、四氯化碳。

【实验步骤】

1. 烷基苯氧化反应 取干燥试管 2 支，分别加入 10 滴苯和 10 滴甲苯，然后向 2 支试管中加入 $0.03 mol \cdot L^{-1}$ $KMnO_4$ 溶液 5 滴和浓 H_2SO_4 2 滴，震荡，观察现象。

2. 侧链的取代反应 取 2 支干燥的试管分别加入 10 滴苯和 10 滴甲苯，而后各滴加 4 滴溴的四氯化碳溶液，振荡并观察现象。而后把一支试管放置在阳光下或日光灯下，另一支试管置于暗处，半小时后观察实验现象。

3. 环上的亲电取代反应

（1）铁粉催化下的环上溴代反应：取 2 支干燥的试管，分别加入 20 滴苯和 20 滴甲苯，而后各滴加 10 滴溴的四氯化碳溶液，再加入一小玻璃勺铁粉，摇匀，将第一支试管在 60℃ 水浴中加热 10min 后取出，加热过程中不断用玻璃棒粘一小块 pH 试纸伸入试管内，检验是否有 HBr 生成。第二支试管置于室温下，随时震荡，几分钟后，用 pH 试纸检验是否有 HBr 生成，反应完毕后，加水至试管体积的 2/3 处，观察现象。

（2）硝化反应：取干燥大试管 2 支，各加入浓 HNO_3 20 滴，将 2 支试管置于冷水浴中冷却，小心分别逐滴加入浓 H_2SO_4 30 滴，再向其中一支试管加入 10 滴苯，另一支试管中加入 10 滴甲苯，边加边振荡，待苯或甲苯全部加完后继续震荡试管 2~3min，将反应物倾入装有 10ml 水的小烧杯中，观察有无黄色油滴析出并嗅其气味。

【实验结果和数据处理】

实验结果与数据处理请填入表 32-1 中。

表 32-1 芳香烃的化学性质

实验项目	现象	反应方程或解释

【思考题】

1. 为什么苯和甲苯燃烧时都产生浓烟？
2. 在没有催化剂存在的条件下，苯和甲苯何者能够发生溴化反应？

（锦州医科大学 贾云宏）

实验三十三　醇、酚的化学性质

【实验目的】
1. 掌握醇、酚的化学反应，深入体会分子结构与化学性质的关系。
2. 学会常见醇、酚的鉴别方法。

【实验原理】
1. 醇

（1）低级醇易溶于水，随着烃基的增大水溶性逐渐减低。多元醇由于分子中羟基增多，水溶性增大。

（2）一元醇是中性化合物，与碱的水溶液不起反应，但是金属钠（或钾）易取代醇羟基的氢，生成醇钠（或醇钾），同时放出氢气，但反应比水慢。这个反应随着醇的相对分子质量的增大而反应速度减慢，醇的反应活性为：甲醇＞伯醇＞仲醇＞叔醇。

$$2RCH_2OH + 2Na \longrightarrow 2RCH_2ONa + H_2\uparrow$$

由于醇的酸性比水小，醇钠遇水分解成醇和氢氧化钠。

$$RCH_2ONa + H_2O \longrightarrow RCH_2OH + NaOH$$

（3）醇分子中由于羟基的影响，使得 α-氢较活泼，容易发生氧化反应。伯醇和仲醇由于存在 α-氢，容易被氧化，而叔醇没有 α-氢，难氧化。在强氧化剂酸性高锰酸钾或重铬酸钾的作用下，伯醇被氧化成醛或在较高温度下进一步被氧化成羧酸；仲醇被氧化成酮；叔醇在相似的条件下则难被氧化。高锰酸钾被还原后溶液由紫红色变浅或变为无色，重铬酸钾溶液由橙黄色变成黄绿色混浊。

$$R-CH_2-OH \xrightarrow{[O]} R-\overset{O}{\underset{}{C}}-H \xrightarrow{[O]} R-\overset{O}{\underset{}{C}}-OH$$
伯醇　　　　　　　醛　　　　　　羧酸

$$R-\underset{OH}{\underset{|}{CH}}-R' \xrightarrow{[O]} R-\overset{O}{\underset{}{C}}-R'$$
仲醇　　　　　　酮

（4）醇中的羟基可被卤素取代而生成卤代烃，反应速度与醇的类型和氢卤酸的性质有关，醇的活泼性次序是叔醇＞仲醇＞伯醇。通常用卢卡斯试剂（无水氯化锌的浓盐酸溶液）来鉴别少于 6 个碳原子的伯醇、仲醇、叔醇。

$$ROH + HX \longrightarrow RX + H_2O$$

（5）连二醇由于分子中羟基数目增多，羟基中氢的电离度增大，因此连二醇具有弱酸性，可与重金属的氢氧化物（如新制备的氢氧化铜）发生反应，生成类似盐的产物如深蓝色的甘油铜溶液。因此可用此反应鉴别含有相邻羟基的多元醇。

$$\underset{CH_2OH}{\underset{|}{\underset{CHOH}{\underset{|}{CH_2OH}}}} + Cu^{2+} \xrightarrow{OH^-} \underset{CH_2OH}{\underset{|}{\underset{CH-O}{\underset{|}{CH_2-O}}}}\!\!\diagup\!\!Cu\!\!\diagdown + 2H^+$$

2. 酚

（1）酚羟基上的氢能部分电离，故酚类具有弱酸性（K_a 为 $1.28×10^{-10}$），能溶于碱溶液如 NaOH 中，生成酚盐。

$$C_6H_5OH + NaOH \longrightarrow C_6H_5ONa + H_2O$$

酚盐遇较强的酸则分解，又析出酚。酚的酸性比碳酸弱（K_a 为 $4.4×10^{-7}$）。

$$C_6H_5ONa + H_2O + CO_2 \longrightarrow C_6H_5OH + NaHCO_3$$

（2）酚类或含有酚羟基的化合物，大部分均能与三氯化铁发生特有的颜色反应，产生颜色的原因主要是生成有色的配合物。凡具有烯醇式结构（ —C=C—OH ）的化合物也有该反应。

（3）酚羟基是直接与苯环相连的，增加了邻、对位氢原子的活泼性而容易发生亲电取代反应。苯酚与溴水作用立即生成 2, 4, 6-三溴苯酚白色沉淀。

$$C_6H_5OH + 3Br_2 \xrightarrow{H_2O} \text{2,4,6-三溴苯酚(白色)} \downarrow + 3HBr$$

【实验仪器与试剂】

1. 仪器　试管，量筒。

2. 试剂　乙醇、甘油、正丁醇、异戊醇、仲丁醇、叔丁醇、金属钠、pH 试纸、5%$K_2Cr_2O_7$ 溶液、3 mol·L^{-1} 硫酸溶液、卢卡斯试剂、5%$CuSO_4$ 溶液、5%NaOH 溶液、固体苯酚、1%苯酚溶液、饱和碳酸氢钠溶液、6 mol·L^{-1} 盐酸、饱和溴水、1%$FeCl_3$ 溶液。

【实验步骤】

1. 醇的性质

（1）溶解度实验：取乙醇、甘油、正丁醇、异戊醇各 4 滴分别放入 4 支小试管中，各滴加约 2mL 蒸馏水，观察是否溶解。

（2）与金属钠反应：取 1 支干燥的小试管加入 1mL 无水乙醇，再加入一粒绿豆大小的用滤纸擦干的金属钠（取金属钠一定要用镊子，不能用手直接拿取，以免灼伤），观察反应现象并写出化学反应方程式。待金属钠消失后，加数滴水，用 pH 试纸检查溶液的碱性，观察现象并写出化学反应方程式。

（3）醇的氧化：取 3 支小试管编号，分别加入乙醇、仲丁醇、叔丁醇 3～4 滴，然后在每支试管中加入 5%的 $K_2Cr_2O_7$ 溶液 3 滴和 3 mol·L^{-1} 硫酸溶液 1～2 滴，振摇后，哪支试管中的溶液褪色，哪支试管中的溶液不褪色，观察现象并写出化学反应方程式。

（4）伯醇、仲醇、叔醇的鉴别——卢卡斯试验：取 4 支干燥的试管，分别加入乙醇、正丁醇、仲丁醇和叔丁醇各 5 滴，然后同时向 4 支试管加入 15 滴卢卡斯试剂，塞好管口，振荡后静置，观察试管内反应液是否变混浊？有无分层现象？记录开始变混浊的时间，写出化学反应方程式。

（5）与氢氧化铜的反应：在试管中加入 1mL 5%的 $CuSO_4$ 溶液，滴入稍过量的 5%NaOH 溶液，立刻有 $Cu(OH)_2$ 絮状沉淀析出，静置后倾去上层液，再加 2~3 mL 水做成悬浊液，把这悬浊液分为两份，分别加入甘油和乙醇各 2~3 滴，摇匀后观察结果，并加以比较反应现象，写出化学反应方程式。

2. 酚的性质

（1）酚的弱酸性：将 pH 试纸放在表面皿上，用蒸馏水润湿，在试纸上滴加一滴 1%苯酚溶液，记录并解释发生的现象。

取 2 支试管编号，各加 1 小粒固体苯酚和 3~4 滴水，振荡，观察现象。往试管 1 中加入饱和碳酸氢钠溶液 1mL，振荡，观察现象。往试管 2 中滴加 5% NaOH 溶液，振荡，直到溶解，再加入 $6mol·L^{-1}$ 盐酸使溶液呈酸性，观察现象，写出化学反应方程式。

（2）酚与溴水的反应：在试管中加入 1%苯酚溶液 4 滴，慢慢滴加 1~2 滴饱和溴水振荡，直到有白色沉淀生成，观察并解释现象，写出化学反应方程式。

（3）与 $FeCl_3$ 的显色反应：取 1%苯酚溶液数滴，加入 1 滴 1% $FeCl_3$ 溶液，振荡。观察并解释发生的现象。

【实验结果和数据处理】

实验结果与数据处理请填入表 33-1 中。

表 33-1 醇、酚的化学性质

实验项目	现象	方程式或解释

【注意事项】

1. 卢卡斯实验所用的试管必须干燥，否则影响鉴别结果。

2. 卢卡斯试剂的配制方法：将 34g 无水氯化锌溶于 25mL 浓盐酸中，边加边搅拌，并放冰浴中冷却以防氯化氢逸出，最后体积约为 35mL。

3. 酚的腐蚀性很强，应细心操作，一旦洒落在皮肤或衣物上，应及时用自来水冲洗，并用稀的碳酸钠溶液擦拭皮肤。

4. 溴水是溴化剂，也是氧化剂。当苯酚的水溶液发生溴代作用时，很快产生白色的 2，4，6-三溴苯酚，如果继续与过量的溴水作用，可变为淡黄色难溶于水的四溴化合物。

5. 溴水毒性很强且易挥发，使用时应谨慎、快速操作，防止吸入体内。

【思考题】

1. 在醇与金属钠的反应中为什么要用干燥试管？
2. 今有两瓶液体药品，不知哪一瓶是醇，哪一瓶是酚，如何用简单的化学方法加以区别？
3. 为什么苯酚能溶于氢氧化钠溶液而不能溶于碳酸氢钠溶液？
4. 与新制备的氢氧化铜的反应还可用于鉴定哪些物质？

（锦州医科大学　岳京立）

实验三十四　醛酮的化学性质

【实验目的】

1. 验证醛、酮的化学性质，进一步理解分子结构与其化学性质的关系。
2. 掌握醛、酮的鉴别方法。

【实验原理】

1. 醛、酮的亲核加成反应　醛、酮羰基与碳碳双键一样也是由一个 σ 键和一个 π 键组成。由于羰基中氧原子的电负性比碳原子大，π 电子云偏向于电负性较大的氧原子，使得氧原子带部分负电荷，碳原子带部分正电荷，易发生亲核加成反应。例如，与氢氰酸加成、与氨的衍生物加成，特别是 2,4-二硝基苯肼几乎能与所有的醛、酮迅速反应，生成橙黄色或橙红色的结晶，常用来鉴别醛、酮的存在。

$$\begin{array}{c}R\\(R')H\end{array}\!\!>\!\!C\!=\!O\ +\ NH_2\!-\!NH\!-\!\!\!\bigcirc\!\!\!-\!NO_2\xrightarrow{-H_2O}\begin{array}{c}R\\(R')H\end{array}\!\!>\!\!C\!=\!N\!-\!NH\!-\!\!\!\bigcirc\!\!\!-\!NO_2$$

2,4-二硝基苯肼　　　　　　2,4-二硝基苯腙(黄↓)

　　醛、酮与亚硫酸氢钠的加成不是所有羰基化合物的反应，由于空间位阻的影响，只有醛和脂肪族甲基酮、碳原子数少于 8 的环酮能与饱和亚硫酸氢钠溶液作用生成白色沉淀。醛、酮与亚硫酸氢钠的反应是可逆的，生成的 2-羟基磺酸钠遇稀酸或碱即可分解而得到原来的醛或酮。因而，这一反应常被用来分离、提纯某些醛或酮。在分析上醛酮也可用作亚硫酸根离子的掩蔽剂。

$$O\!=\!C\!\!<\!\!\begin{array}{c}R\\H(CH_3)\end{array}+\ NaHSO_3\rightleftharpoons R\!-\!\!\!\underset{H(CH_3)}{\overset{OH}{\underset{|}{C}}}\!\!-\!SO_3Na\downarrow$$

2. 醛的还原性　醛由于其羰基上连有氢原子，故醛的化学性质较酮活泼，很容易被氧化，不但可被强氧化剂高锰酸钾等氧化，也可被碱性弱氧化剂如 Tollens 试剂和 Fehling 试剂所氧化，生成含相同碳原子数的羧酸，而酮却不被氧化；甲醛因还原性强，与 Fehling 试剂反应有时会形成铜镜；脂肪醛能被 Fehling 试剂所氧化，芳香醛不能。

$$\begin{array}{c}(Ar)R\\H\end{array}\!\!>\!\!C\!=\!O\ +\ 2[Ag(NH_3)_2]OH\xrightarrow{\Delta}(Ar)RCOONH_4\ +\ 2Ag\downarrow\ +\ 3NH_3\ +\ H_2O$$

$$\begin{array}{c}R\\H\end{array}\!\!>\!\!C\!=\!O\ +\ 2Cu^{2+}(配离子)\xrightarrow{\Delta}RCOO^-\ +\ Cu_2O\downarrow\ +H_2O$$

3. 碘仿反应　α-碳原子上连有三个氢原子的醛酮，即具有 $CH_3-\overset{O}{\underset{\|}{C}}-$ 结构的醛、酮能与卤素的碱性溶液作用，生成三卤代物。三卤代物在碱性溶液中不稳定，立即分解成三卤甲烷和羧酸盐，这就是卤仿反应。常用的卤素是碘，反应产物为碘仿，上述反应就称为碘仿反应。碘仿是淡黄色结晶，特臭、容易识别，故碘仿反应常用来鉴别乙醛和甲基酮。次碘

酸钠也是氧化剂,可把乙醇及具有 $\mathrm{CH_3\!-\!\overset{OH}{\underset{|}{CH}}}$ 结构的仲醇分别氧化成乙醛或甲基酮,故也可发生碘仿反应。

$$\underset{\text{甲基酮或乙醛}}{\mathrm{CH_3\!-\!\overset{O}{\underset{\|}{C}}\!-\!R(H)}} \xrightarrow{X_2,OH^-} \underset{\alpha\text{-三卤代物}}{\mathrm{CX_3\!-\!\overset{O}{\underset{\|}{C}}\!-\!R(H)}} \xrightarrow{OH^-} \underset{\text{卤仿}}{\mathrm{CHX_3\downarrow}} + \underset{\text{羧酸盐}}{\mathrm{(H)RCOO^-}}$$

$$\mathrm{CH_3\overset{OH}{\underset{|}{CH}}CH_3} \xrightarrow{NaOI} \mathrm{CH_3\!-\!\overset{O}{\underset{\|}{C}}\!-\!CH_3} \xrightarrow{I_2+NaOH} \mathrm{CHI_3\downarrow} + \mathrm{CH_3COONa}$$

4. 丙酮的显色反应 丙酮在碱性溶液中能与亚硝酰铁氰化钠作用显红色,此反应用作检验丙酮的存在。

5. 醛的特殊反应 醛能与 Schiffs 试剂(即品红亚硫酸)反应,形成一种紫红色的醌型染料,向有颜色变化的试管中滴加稀硫酸,除甲醛外都褪色,酮无此反应。

【实验仪器与试剂】

1. 仪器 试管,水槽,恒温水浴锅,量筒。

2. 试剂 甲醛,乙醛,苯甲醛,丙酮,乙醇,饱和亚硫酸氢钠溶液,$2\mathrm{mol\cdot L^{-1}}$ 盐酸,2,4-二硝基苯肼,$0.1\mathrm{mol\cdot L^{-1}}$ $\mathrm{AgNO_3}$ 溶液,$1.0\mathrm{mol\cdot L^{-1}}$ 氢氧化钠溶液,$2\mathrm{mol\cdot L^{-1}}$ 氨水,Fehling A 溶液和 Fehling B 溶液,Schiffs 试剂,碘试剂,$0.05\mathrm{mol\cdot L^{-1}}$ 亚硝酰铁氰化钠溶液。

【实验步骤】

1. 醛与酮的亲核加成反应

(1)与饱和亚硫酸氢钠溶液反应:取 3 支干试管,各加入新配制的饱和亚硫酸氢钠溶液 2~3 滴,然后分别加入乙醛、苯甲醛、丙酮各 3~4 滴,振摇,试管于冰水浴中冷却,观察并解释发生的变化。必要时可用玻璃棒摩擦管壁,以促使晶体析出。写出化学反应方程式。

(2)与羰基试剂的反应:取 3 支试管分别加入 3~4 滴乙醛、丙酮、苯甲醛,然后向各试管中滴加 2,4-二硝基苯肼试剂,边滴加边振荡,观察有无沉淀析出。观察现象,写出化学反应方程式。

2. 醛的还原性

(1)与 Tollens 试剂反应:在一支洁净的大试管中(把试管先用热的碱液仔细洗净后,再用蒸馏水冲洗),加入 2mL $0.1\mathrm{mol\cdot L^{-1}}$ $\mathrm{AgNO_3}$ 溶液,1 滴 $1.0\mathrm{mol\cdot L^{-1}}$ 氢氧化钠溶液,此时有褐色的氧化银生成,然后逐滴加入 $2\mathrm{mol\cdot L^{-1}}$ 的氨水,边滴边振荡,直至生成的氧化银沉淀恰好溶解为止(注意氨水勿过量)。所得的澄清液即为 Tollens 试剂。

将制得的 Tollens 试剂分置于 2 支清洁的小试管中,分别加入 5 滴乙醛、5 滴丙酮,摇匀。把 2 支试管置于 50~60℃ 水浴中加热,数分钟后,观察现象,并比较结果。写出化学反应方程式。

(2)与 Fehling 试剂反应:取 3 支长试管,分别加入 Fehling A(硫酸铜溶液)和 Fehling B(酒石酸钾钠的氢氧化钠溶液)各 10 滴,混合均匀后分别加入甲醛、乙醛、丙酮各 5 滴,振荡,置沸水浴中加热 20min,观察颜色的变化,以及是否有砖红色沉淀生成。写出化学反应方程式。

3. 与品红亚硫酸试剂（Schiffs 试剂）反应　取 3 支试管，各加入 Schiffs 试剂 1～2 滴，再分别加入甲醛、乙醛、丙酮各 1 滴，振荡，观察有何现象发生，向有颜色变化的试管中滴加稀硫酸，观察颜色变化。

4. 碘仿反应　取 4 支试管，分别加入 2～3 滴甲醛、乙醛、乙醇、丙酮，再各加入 10 滴碘试剂，摇匀，分别滴加 $1.0\text{mol} \cdot \text{L}^{-1}$ 氢氧化钠溶液至碘的颜色褪去为止。振荡，观察有无沉淀生成，若无沉淀，可在 50～60℃ 水浴中加热数分钟，冷却后，静置观察，并解释发生的现象。写出化学反应方程式。

5. 丙酮的检验　在 1 支试管中加入 10 滴丙酮和 10 滴 $0.05\text{mol} \cdot \text{L}^{-1}$ 亚硝酰铁氰化钠溶液，然后加入 2 滴 $1.0\text{mol} \cdot \text{L}^{-1}$ 氢氧化钠溶液，观察现象。

【实验结果和数据处理】

实验结果与数据处理请填入表 34-1 中。

表 34-1　醛、酮的化学性质

实验项目	现象	方程式或解释

【注意事项】

1. 亚硫酸氢钠溶液不稳定，易被氧化和分解。因此，不宜保存过久，以实验前配制为宜。

2. 配制 Tollens 试剂时，可加 1 滴氢氧化钠溶液，原因是过量 OH^- 的存在，能加速醛的氧化。另外配制 Tollens 试剂时，应防止加入过量氨溶液，否则将生成雷酸银，受热后将增加引起爆炸的机会，试剂本身还将失去灵敏性。Tollens 试剂久置后将析出黑色的氮化银（Ag_3N）沉淀，受震动时分解发生猛烈的爆炸。因此 Tollens 试剂必须在临用时配制，不宜贮存备用。

3. 做乙醛与 Tollens 试剂反应的实验时，试管一定要洗干净，否则产生的银就会呈黑色细粒沉淀析出，在试管壁上无银镜生成；反应时必须采用水浴加热，加热时间不宜过长，温度不宜过高，以免生成雷酸银。实验完毕后，应加入硝酸少许，立即煮沸洗去银镜，以免反应液久置可能产生雷酸银而发生爆炸。

4. Fehling 试剂只与脂肪醛反应，生成砖红色的氧化亚铜（甲醛反应后生成金属铜）。Fehling 试剂不与芳香醛和酮作用，但 Fehling 试剂如果加热时间过长也会分解产生砖红色的氧化亚铜沉淀，不要误认为芳香醛及酮也与之发生了反应。

5. 配制品红亚硫酸试剂时先溶解品红盐酸盐，再加亚硫酸氢钠，静置至红色褪去。如果溶液最后仍呈黄色，则加入活性炭脱色，过滤使用。

【思考题】

1. 为什么亚硫酸氢钠溶液要用饱和的？为什么要新配制？
2. 哪些醛酮可以发生碘仿反应？乙醇和异丙醇为什么也能发生碘仿反应？
3. 银镜反应为什么要使用洁净的试管？实验结束后为什么要用稀硝酸分解反应液？
4. 如何鉴别三瓶试剂：甲醛、乙醛、丙酮？

（锦州医科大学　杨殿深）

实验三十五　羧酸、取代羧酸的化学性质

【实验目的】
1. 验证羧酸的化学性质。
2. 验证取代羧酸的化学性质。

【实验原理】
1. 一元羧酸的性质

（1）羧酸的酸性：羧酸分子中有羧基，显酸性，通常羧酸的酸性都较弱，能与NaOH、Na_2CO_3等反应生成羧酸盐，也能与$NaHCO_3$反应生成CO_2。

$$\text{C}_6\text{H}_5\text{COOH} + \text{NaOH} \longrightarrow \text{C}_6\text{H}_5\text{COONa} + \text{H}_2\text{O}$$

$$Na_2CO_3 + 2CH_3COOH \longrightarrow CO_2\uparrow + H_2O + 2CH_3COONa$$

（2）酸酐的水解反应：酸酐水解可以生成羧酸，如：

$$(CH_3CO)_2O + H_2O \rightleftharpoons 2CH_3COOH$$

（3）酯化反应：羧酸可以与醇作用生成酯和水。乙酸和乙醇反应生成乙酸乙酯，该反应很慢，通常要用浓硫酸做催化剂，浓硫酸还能吸去反应中生成的水，使平衡向右移动，生成较多的酯。酯类为油状液体，难溶于水，比水轻。为降低酯类在水中的溶解度可以加入饱和食盐水，此作用称为盐析。

$$CH_3COOH + CH_3CH_2OH \underset{60\sim70℃}{\overset{H_2SO_4}{\rightleftharpoons}} CH_3COOCH_2CH_3 + H_2O$$

2. 二元羧酸的性质

（1）饱和羧酸与不饱和羧酸性质的比较：饱和羧酸如丁二酸，分子中无双键，不能被$KMnO_4$溶液氧化。而不饱和羧酸如顺丁烯二酸，分子中含双键，易被$KMnO_4$溶液氧化，使后者褪色，发生下列反应：

$$\underset{\text{H}}{\overset{\text{H}}{\text{C}}}\text{COOH}\overset{KMnO_4}{\longrightarrow} \begin{matrix}HO-H\\HO-H\\COOH\end{matrix} \overset{[O]}{\longrightarrow} \begin{matrix}COOH\\CHO\end{matrix} \overset{[O]}{\longrightarrow} \begin{matrix}COOH\\COOH\end{matrix} \overset{[O]}{\longrightarrow} CO_2\uparrow + H_2O$$

（2）二元羧酸的脱羧反应：一元脂肪族羧酸不易脱羧，二元羧酸中乙二酸（草酸）受热脱羧生成二氧化碳和甲酸，丙二酸脱羧生成少一个碳原子的乙酸。如：

$$\begin{matrix}COOH\\COOH\end{matrix} \overset{\Delta}{\longrightarrow} CO_2\uparrow + HCOOH$$

3. 取代羧酸的性质

（1）酒石酸盐的生成及其与 Cu(OH)$_2$ 的作用：酒石酸能和 KOH 反应，其中酒石酸氢钾难溶于水，而酒石酸二钾盐易溶于水，酒石酸盐中的两个羟基还具有多元醇的性质，例如：能与 Cu(OH)$_2$ 作用生成蓝色的配合物。

$$\begin{array}{c}\text{COOH}\\\text{H}-\text{OH}\\\text{H}-\text{OH}\\\text{COOH}\end{array} \xrightarrow{\text{KOH}} \begin{array}{c}\text{COOK}\\\text{H}-\text{OH}\\\text{H}-\text{OH}\\\text{COOH}\end{array} \xrightarrow{\text{KOH}} \begin{array}{c}\text{COOK}\\\text{H}-\text{OH}\\\text{H}-\text{OH}\\\text{COOK}\end{array}$$

白色沉淀

$$\begin{array}{c}\text{COOK}\\\text{H}-\text{OH}\\\text{H}-\text{OH}\\\text{COOK}\end{array} + \text{Cu(OH)}_2 \rightleftharpoons \begin{array}{c}\text{COOK}\\\text{H}-\text{O}\\\text{H}-\text{O}\\\text{COOK}\end{array}\!\!\text{Cu} + 2\text{H}_2\text{O}$$

（2）酚羟基羧酸与 FeCl$_3$ 显色：酚羟基羧酸具有酚羟基和羧酸的性质，如水杨酸具有酸性，与 FeCl$_3$ 溶液生成蓝紫色配合物。而乙酰水杨酸（阿司匹林）分子中无酚羟基，与 FeCl$_3$ 不显色，水解生成水杨酸后可以与 FeCl$_3$ 呈显色反应。

（3）乳酸的氧化与丙酮酸的脱羧：乳酸中的 α-羟基受到羧基的影响，可以被氧化生成丙酮酸。在丙酮酸中，由于 α-碳原子上有强吸电子基团羰基，使得丙酮酸容易发生脱羧反应，生成乙酸和 CO$_2$。这也是 α-酮酸的共同性质。

$$\text{CH}_3\text{CHCOOH} \xrightarrow{[O]} \text{H}_3\text{C}-\overset{\text{O}}{\underset{}{\text{C}}}-\text{COOH} \xrightarrow{\Delta} \text{H}_3\text{C}-\overset{\text{O}}{\underset{}{\text{C}}}-\text{H} + \text{CO}_2\uparrow$$
（上式左端 CH 上有 OH）

（4）乙酰乙酸乙酯的互变异构：乙酰乙酸乙酯是无色透明液体，在纯液态或水溶液中均存在酮型和烯醇型的互变异构体，二者可以互相转化建立动态平衡，此现象称为互变异构现象。例如，乙酰乙酸乙酯的水溶液中酮型占 99.6%，烯醇型占 0.4%，而在纯液态中，酮型占 93%，烯醇型占 7%。

$$\text{H}_3\text{C}-\overset{\text{O}}{\underset{}{\text{C}}}-\text{CH}_2-\overset{\text{O}}{\underset{}{\text{C}}}-\text{O}-\text{C}_2\text{H}_5 \rightleftharpoons \text{H}_3\text{C}-\overset{\text{OH}}{\underset{}{\text{C}}}=\text{CH}-\overset{\text{O}}{\underset{}{\text{C}}}-\text{O}-\text{C}_2\text{H}_5$$

酮型的存在可用 2,4-二硝基苯肼来验证，向乙酰乙酸乙酯水溶液中加入 2,4-二硝基苯肼可有黄色结晶生成：

$$\text{H}_3\text{C}-\underset{\text{O}}{\overset{}{\text{C}}}-\text{CH}_2-\text{COOC}_2\text{H}_5 + \text{H}_2\text{N}-\text{NH}-\!\!\!\left\langle\!\!\!\begin{array}{c}\\\text{NO}_2\\\end{array}\!\!\!\right\rangle\!\!\!-\text{NO}_2 \longrightarrow \text{O}_2\text{N}-\!\!\!\left\langle\!\!\!\begin{array}{c}\text{NO}_2\\\\\end{array}\!\!\!\right\rangle\!\!\!-\text{NH}-\text{N}=\overset{\text{CH}_3}{\underset{}{\text{C}}}-\text{CH}_2-\text{COOC}_2\text{H}_5$$

烯醇型的存在可用 FeCl$_3$ 溶液检查，因烯醇型结构似酚羟基，与 FeCl$_3$ 溶液呈紫色反应。

酮型和烯醇型平衡的移动，可用下例实验说明。乙酰乙酸乙酯遇 FeCl$_3$ 溶液呈紫色，加入溴水后变成无色，这是因为烯醇型中的双键被溴水饱和使溶液变为无色：

$$H_3C-\underset{OH}{\overset{}{C}}=CH-\overset{O}{\overset{\|}{C}}-O-CH_2CH_3 + Br_2 \xrightarrow{\Delta} H_3C-\underset{OH}{\overset{Br}{\underset{|}{C}}}-\overset{Br}{\underset{|}{CH}}-\overset{O}{\overset{\|}{C}}-O-CH_2CH_3$$

但不久又出现紫色,这说明又有酮型转变成新的烯醇型,因而与 $FeCl_3$ 溶液又呈紫色反应。

【实验仪器与试剂】

1. 仪器 恒温水浴锅、试管。

2. 试剂 pH 试纸、2 mol·L^{-1} 乙酸溶液、冰醋酸、草酸、5%丁二酸溶液、5%顺丁烯二酸溶液、5%氢氧化钠溶液、乙酸酐、无水乙醇、饱和食盐水、1 mol·L^{-1} $NaHCO_3$ 溶液、饱和石灰水、0.5 mol·L^{-1} KOH 溶液、5% $CuSO_4$ 溶液、5% NaOH 溶液、浓 H_2SO_4、10%硫酸溶液、0.1%苯甲酸溶液、高锰酸钾、0.1 mol·L^{-1} $FeCl_3$ 溶液、乳酸、10%酒石酸溶液、0.1%水杨酸溶液、阿司匹林、1% 2,4-二硝基苯肼溶液、1%乙酰乙酸乙酯溶液。

【实验步骤】

1. 一元羧酸的性质

(1) 羧酸的酸性:用镊子夹取一小块 pH 试纸,放在点滴板上,加一滴 2mol·L^{-1} 乙酸,根据 pH 试纸的颜色变化,确定溶液的 pH。另取一小试管加 10 滴 1mol·L^{-1} $NaHCO_3$ 溶液,再滴入 2mol·L^{-1} 乙酸数滴,观察有何现象?写出反应式。

(2) 酸酐水解成羧酸:在小试管中加 1mL 蒸馏水,然后滴入 5 滴乙酸酐。注意乙酸酐呈珠状沉于管底。在不断振摇下,乙酸酐逐渐溶解,可嗅到乙酸气味。

(3) 羧酸的酯化:取两支干燥长试管,各加入冰醋酸 10 滴及无水乙醇 10 滴,再向第一管中加入 2 滴浓硫酸,将两支试管同时放入 60~70℃水浴中加热 5~6min,取出试管,第一管是否有酯的香味?向两支试管各加入饱和食盐水 20 滴,摇匀,仔细观察。第一管分成两层(上层为乙酸乙酯,下层为水层),写出反应式。(注:NaCl 溶于水,而不溶于乙醇、乙酸或乙酸乙酯中,当 NaCl 饱和水溶液倒入这些溶剂中往往析出 NaCl 固体结晶)。

2. 二元羧酸的性质

(1) 不饱和酸的不饱和性:取两支小试管,一管加入 5%丁二酸溶液 5 滴,另一管加 5%顺丁烯二酸 5 滴,再各加入 0.03 mol·L^{-1} $KMnO_4$ 溶液 1~2 滴,摇匀,观察现象,写出反应式。

(2) 草酸的脱羧:在一个干燥试管中放入半勺(0.5~1g)草酸,试管口塞一带有导管的塞子,加热试管,将导管通入盛有石灰水的试管中,观察石灰水中有无 $CaCO_3$ 白色沉淀产生。

3. 取代羧酸的性质

(1) 酒石酸盐的生成及其与 Cu(OH)$_2$ 的作用

1) 取 5 滴 10%酒石酸溶液于试管中,一滴一滴地加入 0.5mol·L^{-1} KOH 溶液使溶液仍呈酸性(用 pH 试纸检查),观察有无沉淀析出(酒石酸氢钾难溶于水),然后再继续加入 0.5mol·L^{-1} KOH 溶液,待溶液呈碱性时(用 pH 试纸检查),观察沉淀是否完全溶解(酒石酸二钾易溶于水),把此溶液留作下面试验用。

2) 在两支试管中,分别加入 2~3 滴 5% $CuSO_4$ 溶液及 5% NaOH 溶液至沉淀完全(5~6 滴),然后在一试管中加入上面制得的溶液,观察沉淀是否溶解,并在另一试管中滴入饱和的水杨酸溶液，观察沉淀能否溶解，解释原因。

（2）酚羟基羧酸与 $FeCl_3$ 溶液呈色

1）水杨酸与 $FeCl_3$ 溶液的反应：取两支小试管，一支试管加 0.1%苯甲酸 5 滴，另一支试管加 0.1%水杨酸溶液 5 滴，并用 pH 试纸检验其酸性，再加入 $0.1mol \cdot L^{-1}$ $FeCl_3$ 溶液 2 滴，观察现象。

2）阿司匹林水解前后与 $FeCl_3$ 的反应：取阿司匹林固体少许，溶于 4~5mL 蒸馏水中，分成两份，取其中一份溶液加 1% $FeCl_3$ 溶液 1~2 滴，不应呈现颜色。将另一份溶液加热 2~3min，冷却后，加 1% $FeCl_3$ 溶液 1~2 滴，则出现紫色。

（3）乳酸的氧化与丙酮酸的脱羧：向带有导管的大试管中滴入乳酸 30 滴，加入 2~3 玻璃勺的 $KMnO_4$ 晶体，紧塞管口，于水浴上加热，将生成的气体导入盛有石灰水的试管中，观察有无 $CaCO_3$ 沉淀产生，然后从水浴中取出试管打开塞子，小心嗅其乙醛气味。

（4）乙酰乙酸乙酯的互变异构现象

1）取一支小试管加 1%乙酰乙酸乙酯溶液 5 滴及 2,4-二硝基苯肼溶液 1~2 滴，振摇，有何现象？写出反应式。

2）另取一支试管加入 1mL 1%乙酰乙酸乙酯溶液及 1 滴 $0.1mol \cdot L^{-1}$ $FeCl_3$ 溶液，呈何色？为什么？

向这支试管中加入 2~3 滴饱和溴水至无色，过 1~2min 呈何色？为什么？再加数滴溴水有何现象？放置，又有何现象？写出反应式并解释。

【实验结果和数据处理】

实验结果与数据处理请填入表 35-1 中。

表 35-1 羧酸及取代羧酸的化学性质

实验项目	现象	方程式或解释

【注意事项】

羧酸成酯反应的温度必须控制在 70℃左右。

【思考题】

羧酸成酯温度偏高或偏低会有什么影响？

（锦州医科大学　于丽丽）

实验三十六 含氮有机化合物的性质

【实验目的】

1. 了解胺类的一般性质。
2. 掌握重氮化反应及重氮盐的性质。
3. 掌握偶氮染料的生成反应。
4. 掌握酰胺的化学性质。

【实验原理】

1. 胺类

（1）胺类的碱性：胺类是有机碱，其化学性质与氨相似，在水溶液中离解出 OH^- 而呈碱性。

$$NH_3 + H_2O \rightleftharpoons NH_4^+ + OH^-$$

$$\begin{array}{c} H_2C-NH_2 \\ | \\ H_2C-NH_2 \end{array} + H_2O \rightleftharpoons \begin{array}{c} H_2C-NH_3^+ \\ | \\ H_2C-NH_2 \end{array} + OH^-$$

（2）苯胺的重氮化反应及重氮盐的性质：芳香伯胺可以与亚硝酸在低温的条件下反应生成重氮盐，这个反应称重氮化反应。芳香重氮盐的性质与铵盐相似，是一种离子型化合物，易溶于水，难溶于有机溶剂，水溶液能导电。芳香重氮盐在低温和强酸性溶液中可以短时保存。干燥时极不稳定，受热或震荡易爆炸。

$$C_6H_5-NH_2 \xrightarrow{NaNO_2 + HCl}_{0\sim5℃} C_6H_5-N^+\equiv NCl^- + NaCl + 2H_2O$$

重氮盐是一种弱的亲电试剂，在一定 pH 条件下，能与酚或芳胺等发生亲电取代反应，形成有鲜艳颜色的化合物，称为偶氮化合物，该类反应称为偶联反应。在这类反应中，重氮盐以 $C_6H_5-N \equiv N^+$ 的形式参与反应。

如氯化重氮苯与苯酚偶联生成橘黄色的对羟基偶氮苯（p-hydroxy azobenene）：

$$C_6H_5-N^+\equiv NCl^- + C_6H_5-OH \xrightarrow{pH=8\sim9} C_6H_5-N=N-C_6H_4-OH$$

对羟基偶氮苯

氯化重氮苯与 β-萘酚偶联生成红色的苏丹红染料：

$$C_6H_5-N^+\equiv NCl^- + \text{β-萘酚} \xrightarrow{NaOH} \text{苏丹红1号}$$

苏丹红1号

重氮盐溶液不稳定，加热分解放出氮气，生成酚类化合物，加入几滴溴水可生成三溴苯酚沉淀。

$$\underset{}{\text{C}_6\text{H}_5\text{-N}^+\equiv\text{N Cl}^-} \xrightarrow[\Delta]{\text{H}_2\text{O}} \text{C}_6\text{H}_5\text{-OH} + \text{N}_2\uparrow$$

$$\text{C}_6\text{H}_5\text{-OH} + 3\text{Br}_2 \longrightarrow \text{2,4,6-tribromophenol}\downarrow + 3\text{HBr}$$

2. 酰胺类 酰胺是羧酸的一种衍生物,结构上可以看作是羧酸分子中的羟基被氨基或烃氨基(—NHR、—NR$_2$)取代后的产物。酰胺包括羧酸的酰胺和碳酸的酰胺——脲。

酰胺无明显的碱性($pK_b=14\sim16$),呈中性,酰胺分子因具有 $-\underset{\underset{\parallel}{O}}{C}-NH-$ 键,因而能发生水解。脲是一种最常见的碳酸衍生物,又常称为尿素,是动物蛋白质代谢的最终产物,成人每日排泄的尿液中含 25~30g 的脲。脲也是重要的化工原料。

(1)弱碱性:脲具有弱碱性,能与强酸反应。脲的溶液与浓硝酸反应析出白色的硝酸脲沉淀。

$$\text{H}_2\text{N-}\underset{\underset{\parallel}{O}}{C}\text{-NH}_2 + \text{HNO}_3 \longrightarrow \text{H}_2\text{N-}\underset{\underset{\parallel}{O}}{C}\text{-NH}_2\cdot\text{HNO}_3\downarrow$$

(2)水解:脲具有酰胺的通性,在酸、碱或脲酶的催化下可以发生水解反应。

$$\text{H}_2\text{N-}\underset{\underset{\parallel}{O}}{C}\text{-NH}_2 + \text{H}_2\text{O} \begin{cases} \xrightarrow{\text{H}^+/\Delta} \text{NH}_4^+ + \text{CO}_2\uparrow + \text{H}_2\text{O} \\ \xrightarrow{\text{OH}^-/\Delta} \text{NH}_3\uparrow + \text{CO}_3^{2-} \\ \xrightarrow{\text{酶}} \text{NH}_3\uparrow + \text{CO}_2\uparrow + \text{H}_2\text{O} \end{cases}$$

(3)缩二脲的生成和缩二脲的反应:将固体脲缓缓加热到150~160℃,两个脲分子间脱去一分子氨后生成缩二脲。

$$\text{H}_2\text{N-}\underset{\underset{\parallel}{O}}{C}\text{-NH[H + H}_2\text{N]-}\underset{\underset{\parallel}{O}}{C}\text{-NH}_2 \xrightarrow{\Delta} \text{H}_2\text{N-}\underset{\underset{\parallel}{O}}{C}\text{-NH-}\underset{\underset{\parallel}{O}}{C}\text{-NH}_2 + \text{NH}_3\uparrow$$

缩二脲难溶于水,易溶于碱溶液。在缩二脲的碱溶液中加入少量的硫酸铜稀溶液,溶液呈红色或紫红色,此反应称为缩二脲反应。凡分子中具有两个或两个以上酰胺键(又称肽键)的化合物都能发生缩二脲反应。由于多肽、蛋白质等化合物中含有多个肽键,所以可以用缩二脲反应来鉴别这类有机化合物。

【实验仪器与试剂】

1. 仪器 恒温水浴锅、试管

2. 试剂 2%乙二胺溶液、6 mol·L^{-1}盐酸、苯胺、浓盐酸、3%亚硝酸钠、1%苯酚、1% β-萘酚、2mol·L^{-1} NaOH 溶液、固体脲、KI-淀粉试纸、浓硝酸、20%和 50%脲溶液、0.2% CuSO$_4$溶液。

【实验步骤】

1. 胺类

(1)胺类的碱性

1)取 1 滴 2%乙二胺溶液于 pH 试纸上呈何颜色?写出乙二胺在水中的电离式。

2）取一支小试管加入 2 滴苯胺及数滴水，观察是否溶解？再滴加 6 mol·L^{-1} 盐酸数滴，直至溶解。写出反应式。

（2）苯胺的重氮化反应及重氮盐的性质

1）取一支试管加入 2 滴苯胺及 10 滴 6 mol·L^{-1} 盐酸，将试管放在冰水浴中冷却，一边振摇一边滴加 3%NaNO$_2$ 至反应液刚好使 KI-淀粉试纸变色为止。

将试管仍放在冰水浴中冷却。

2）取两支小试管，向第一支中加入 1%苯酚 1~2 滴及 2mol·L^{-1} NaOH 溶液 1mL，摇匀，使苯酚溶解。向第二支试管加入 1% β-萘酚 NaOH 溶液 1~2 滴。然后向两支试管中各加入 1mL 上面制得的重氮盐溶液，观察现象，写出反应式。

3）将剩余的重氮盐溶液放在 50~60℃水浴上加热，这时重氮盐分解放出氮气，生成苯酚。取几滴反应液于另一试管中，加入数滴饱和溴水，观察现象并写出反应式。

2. 酰胺

（1）尿素的碱性：取一支小试管加入 50%尿素溶液 5 滴，然后加入几滴浓硝酸，观察现象并写出反应式。

（2）尿素的水解：取一支小试管加入 10 滴 20%尿素溶液，再加入等量的 2mol·L^{-1} NaOH 溶液，小火加热，并用湿润的 pH 试纸放在试管口，观察现象并写出反应式。

（3）缩二脲反应：在一支干燥的试管中加入几玻璃勺固体脲，隔石棉网小火加热，脲首先熔化，随后放出氨气（可用湿润的 pH 试纸放在试管口检验），继续加热至出现白色固体物。冷却后加入少量蒸馏水并用玻璃棒搅拌，使生成的缩二脲溶于水，静止后倾出上清液于另一试管中，加入 1~2 滴 2 mol·L^{-1} NaOH 溶液及 1 滴 0.2%CuSO$_4$ 溶液，观察现象并写出反应式。

【实验结果和数据处理】

实验结果与数据处理请填入表 36-1 中。

表 36-1 含氮有机化合物的化学性质

实验项目	现象	方程式或解释

【思考题】

1. 制备氯化重氮苯时，为什么要用过量的盐酸？
2. 为什么要在 0~5℃进行重氮化反应？
3. 制备的重氮盐为什么保存在水溶液中？
4. 用 KI-淀粉试纸指示重氮化反应的终点，依据的原理是什么？
5. 缩二脲反应还可用于鉴定哪些物质？

（锦州医科大学　岳京立）

实验三十七　糖类化合物的化学性质

【实验目的】

1. 掌握糖类化合物的主要化学性质及鉴别反应。
2. 学会还原糖鉴别反应的实验操作。

【实验原理】

1. 糖的共同反应——Molisch 反应　所有的单糖、双糖及多糖在浓 H_2SO_4 存在下均能与 α-萘酚反应，生成紫红色化合物，此反应称为 Molisch 反应，是鉴别糖类化合物的一种方法。

紫色的出现是由于糖类在浓 H_2SO_4 作用下生成糠醛或其衍生物，然后再和 α-萘酚缩合生成紫色物质，如葡萄糖在浓 H_2SO_4 作用下脱水生成 5-羟甲基糠醛，后者再与 α-萘酚缩合成紫色物质。

$$\text{D-葡萄糖} \xrightarrow[\text{脱水}]{\text{浓}H_2SO_4} \text{5-羟甲基糠醛} + 3H_2O$$

2. 糖的还原性　能被碱性弱氧化剂如 Tollens 试剂、Fehling 试剂、Benedict 试剂氧化的糖称为还原糖。所有的单糖（包括醛糖及酮糖）及具有半缩醛羟基的二糖（如乳糖、麦芽糖、纤维二糖等）和一部分低聚糖属于还原糖。这些糖能还原 Fehling 试剂或 Benedict 试剂中的 Cu^{2+} 为 Cu^+，生成红棕色的 Cu_2O 或黄色的 CuOH 沉淀，而本身却被氧化成复杂产物。

$$\text{还原糖} + Cu(OH)_2 \xrightarrow{\triangle} Cu_2O\downarrow + 2H_2O + \text{糖的氧化产物}$$

Benedict 试剂是由枸橼酸钠、碳酸钠和硫酸铜配成的 Cu^{2+} 的络合物溶液，为蓝色的碱性溶液，其特点是较 Fehling 试剂稳定，能长期保存，临床上常用来检查尿和血液中是否含有葡萄糖。

蔗糖分子中无半缩醛羟基，在水溶液中不能形成开链结构，不能生成游离的醛基，故无还原性。

3. 糖的水解反应

（1）二糖的水解：蔗糖可以在酸或酶催化下水解生成葡萄糖和果糖。蔗糖是否已经水解，可用 Benedict 试剂来检查，水解前无还原性，水解后有还原性。

（2）多糖的水解：淀粉为多糖，用稀无机酸（H_2SO_4 或 HCl）催化时，水解生成葡萄糖。淀粉的水解产物可用于碘的颜色反应和还原性检查。水解前淀粉与碘生成紫色络合物，无还原性；水解后生成的葡萄糖遇碘溶液无色，有还原性。

淀粉还可用唾液淀粉酶催化水解，主要生成麦芽糖和少量葡萄糖。酶催化的速度比用稀酸快很多，而且不能加热，因为酶是一种特殊的蛋白质，加热时其结构即遭到破坏而失去催化作用。

4. 糖脎的生成 单糖和苯肼作用可以生成苯腙，在过量苯肼的存在下，它们则转化成不溶于水的结晶化合物，称为脎（osazone）。

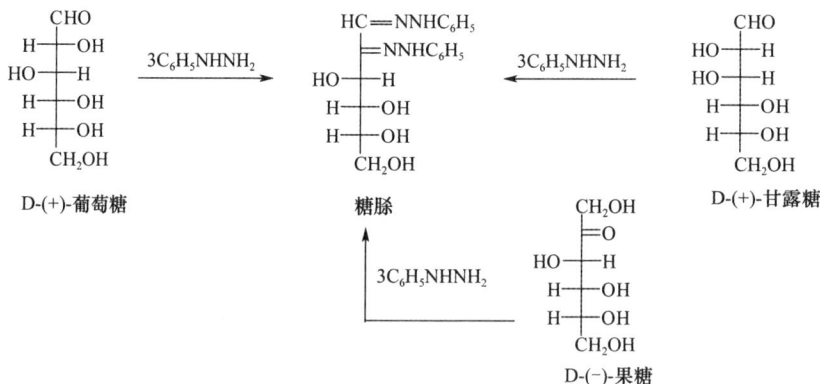

糖脎生成的速度和结晶形状及熔点等均因糖的不同而异，因此利用糖脎的生成可鉴别各种糖（参见表37-1）。

表 37-1 常见糖脎的性质

名称	葡萄糖脎	麦芽糖脎	乳糖脎
晶型	细针状	片状	针状边缘较软
熔点	204～205℃	205～206℃	200℃

但葡萄糖、果糖、甘露糖与苯肼作用生成相同的糖脎，因为三者在结构上的差别仅在 C1、C2 上，可生成相同的糖脎。

【实验仪器与试剂】

1. 仪器 试管、试管夹、水浴锅、酒精灯、白瓷点滴板、滴管、玻璃棒。

2. 试剂 Fehling 试剂、$0.1\,mol \cdot L^{-1}$ 葡萄糖溶液、$0.1\,mol \cdot L^{-1}$ 果糖溶液、$0.05\,mol \cdot L^{-1}$ 蔗糖溶液、$0.05\,mol \cdot L^{-1}$ 麦芽糖溶液、2% 淀粉溶液、碘试剂、浓 HCl、$1\,mol \cdot L^{-1}\,Na_2CO_3$ 溶液浓硫酸、Benedict 试剂、10% α-萘酚。

【实验步骤】

1. 糖的还原性

（1）与 Fehling 试剂的反应：取 4 支长试管，各加入 Fehling A 和 Fehling B 10 滴，混合均匀后分别加入 $0.1\,mol \cdot L^{-1}$ 葡萄糖溶液、$0.1\,mol \cdot L^{-1}$ 果糖溶液、$0.05\,mol \cdot L^{-1}$ 蔗糖溶液、$0.05\,mol \cdot L^{-1}$ 麦芽糖溶液 5 滴，摇匀，置沸水浴中加热 10min，观察颜色的变化及是否有砖红色沉淀生成。写出化学反应方程式。

（2）与 Benedict 试剂的反应：取 4 支试管，编号。各加 Benedict 试剂 1mL，再分别加入 $0.1\,mol \cdot L^{-1}$ 葡萄糖溶液、$0.1\,mol \cdot L^{-1}$ 果糖溶液、$0.05\,mol \cdot L^{-1}$ 蔗糖溶液、$0.05\,mol \cdot L^{-1}$ 麦芽糖溶液 5 滴，摇匀，放在水浴中加热 2～3min。记录并解释发生的现象。

（3）与 Tollens 试剂的反应：制备 Tollens 试剂约 10mL，均分于 4 支干净的试管中，编号。再分别加入 $0.1\,mol \cdot L^{-1}$ 葡萄糖溶液、$0.1\,mol \cdot L^{-1}$ 果糖溶液、$0.05\,mol \cdot L^{-1}$ 蔗糖溶液、$0.05\,mol \cdot L^{-1}$ 麦芽糖溶液 5 滴，摇匀，将试管放在 60℃ 的热水浴中加热数分钟。记录并解

释发生的现象。

2. 糖的颜色反应

（1）Molisch 反应：取 3 支试管，分别加入 0.1mol·L^{-1} 葡萄糖溶液、0.05mol·L^{-1} 蔗糖溶液、2%淀粉溶液各 10 滴，再各加 3~4 滴 10% α-萘酚试剂，摇匀。将试管倾斜成 45°角，沿管壁慢慢加入浓硫酸 20 滴，使硫酸和糖液之间有明显的分层，观察两层之间的颜色变化。数分钟内若无紫色环出现，可在水浴中温热后再观察变化（切勿振荡）。记录并解释发生的现象。

（2）淀粉与碘的反应：取 1 支试管，加入 2%淀粉溶液 1 滴、4mL 蒸馏水和 1 滴碘试剂，观察颜色的变化。

3. 蔗糖和淀粉的水解

（1）取 2 支试管，各加入 0.05mol·L^{-1} 蔗糖溶液 10 滴，然后于第一支试管中加入 3 滴浓 H_2SO_4，第二支试管中加入 3 滴蒸馏水，摇匀后将两支试管同时放入沸水浴中加热 5~10min。取出冷却后，分别向 2 支试管中添加 1mol·L^{-1} Na_2CO_3 溶液至无气泡生成，将溶液中和至弱碱性（用 pH 试纸检查）。然后向 2 支试管中各加入 Benedict 试剂 10 滴，摇匀，再放入沸水中加热 2~3min。记录并解释发生的现象。

（2）在试管中各加入 20g·L^{-1} 淀粉溶液 2mL 和 3 滴浓盐酸，摇匀后放入沸水浴中加热。加热过程中每间隔 5min 取出 2 滴于点滴板，用碘试剂检验是否变色，直至淀粉全部水解。用 1mol·L^{-1} Na_2CO_3 溶液液至弱碱性（用 pH 试纸检查），然后加入 Benedict 试剂 1mL，摇匀，再放入沸水中加热 2~3min。记录并解释发生的现象。

【实验结果和数据处理】

实验结果与数据处理请填入表 37-2 中。

表 37-2　糖的化学性质

实验项目	现象	方程式或解释

【注意事项】

1. 碘溶液的配制　把 25g 碘化钾溶于 100mL 蒸馏水中，再加入 12.5g 碘，搅拌使碘溶解。

2. Molisch 试剂　将 2g α-萘酚溶于 20mL 乙醇中，再用乙醇稀释至 100mL，装于棕色瓶中。一般使用前配制。

【思考题】

1. 蔗糖水解后为什么要用 Na_2CO_3 中和至碱性再加 Benedict 试剂？
2. 如何用实验方法鉴别还原性糖和非还原性糖？
3. 如何用化学方法鉴别葡萄糖、蔗糖、淀粉？

（锦州医科大学　杨殿深）

实验三十八　溴乙烷的制备

【实验目的】

1. 学习以溴化钠、浓硫酸和乙醇制备溴乙烷的原理。
2. 学习低沸点蒸馏的基本操作和分液漏斗的使用方法。

【实验原理】

由醇与氢卤酸反应制备卤代烃，是卤代烃制备中的一个重要方法，本实验就是通过用乙醇与氢溴酸反应制备的。

主反应：

$$NaBr + H_2SO_4 \longrightarrow HBr + NaHSO_4$$
$$CH_3CH_2OH + HBr \longrightarrow CH_3CH_2Br + H_2O$$

副反应：

$$2CH_3CH_2OH \xrightarrow{H_2SO_4} CH_3CH_2OCH_2HC_3 + H_2O$$
$$CH_3CH_2OH \xrightarrow{H_2SO_4} CH_2 = CH_2 + H_2O$$
$$2HBr + H_2SO_4 \longrightarrow Br_2 + SO_2 + 2H_2O$$

【实验仪器与试剂】

1. 仪器　铁架台（铁夹）、圆底烧瓶、蒸馏头、温度计套管、温度计、直形冷凝管、接引管、锥形瓶、分液漏斗。

2. 试剂　溴化钠（无水）、95%乙醇、浓硫酸。

【实验步骤】

在125mL圆底烧瓶中加入15mL 95%乙醇及9mL蒸馏水，在不断振荡和冷水冷却下，缓慢加入10mL浓硫酸，将混合物冷却到室温后，在振摇下加入10g研细的溴化钠，再加入几粒沸石，安装成常压蒸馏装置（参见图38-1）。在接收器小锥形瓶中加入冷水并将其浸入水浴中，接引管的末端刚好浸没在接收器的冷水中。

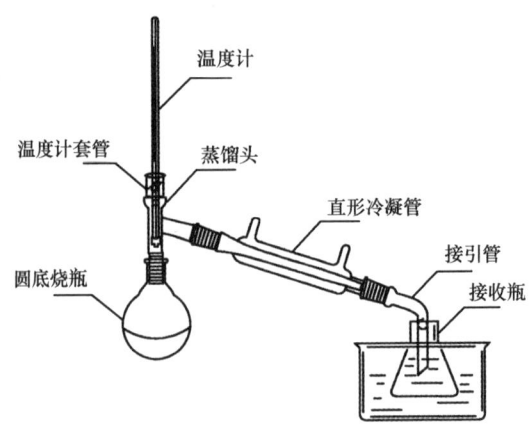

图38-1　常压蒸馏装置

在石棉网上小火加热蒸馏瓶，约半小时后慢慢加大火焰，直到无油状物馏出为止。

将馏出物倒入分液漏斗中，分出有机层（20℃溴乙烷相对密度为1.46），置于50mL

干燥锥形瓶中。把锥形瓶放入冰水浴中，在振摇下用滴管慢慢滴加浓硫酸，直至锥形瓶分出硫酸层为止（约5mL）。用干燥的分液漏斗分去硫酸液（98%浓硫酸相对密度为1.84），将溴乙烷粗产品倒入干燥的蒸馏瓶中，加入沸石用水浴加热蒸馏，用已经称重的干燥锥形瓶接收，锥形瓶外用冰水浴冷却，收集37~40℃的馏分。计算产率。

纯溴乙烷为无色液体，bp38.4℃，n_D^{20}=1.4239。

【实验结果和数据处理】

实验结果与数据处理请填入表38-1中。

表38-1 实验结果

产品	精制后（g）	产率（%）	折光率
溴乙烷			

【注意事项】

1. 加少量水可防止反应进行时产生大量气泡，减少副产物乙醚的生成同时可以避免氢溴酸的挥发。

2. 在加入溴化钠时应小心，尽量不要使溴化钠沾在圆底烧瓶瓶口上，否则会使装置气密性下降。

3. 溴乙烷在水中的溶解度甚小（1:100），在低温时又不与水作用，且沸点较低。为减少其挥发，常在接收器内预盛冷水，并使接引管末端稍浸入冷水中。在反应过程中应密切注意防止接收器中的液体发生倒吸而进入冷凝管。一旦发生此现象，应暂时把接收器放低，使接引管的下端露出液面，然后再恢复原状。

4. 蒸馏速度宜慢，否则蒸气会来不及冷凝而逸失。在开始加热时常有很多气泡产生，若加热太快，会有反应物冲出。

5. 馏出液由混浊变澄清时，表示已经蒸完。拆除热源前，应先将接收器与接引管分开，防止倒吸。稍冷后，将蒸馏瓶内物趁热倒出，以免硫酸氢钠冷却后结块，不易倒出。

6. 第一次分液时，尽可能将水分净，否则加入浓硫酸时会因放热而使产品损失。

7. 加入浓硫酸可以除去乙醚、乙醇、水等杂质，为防止溴乙烷挥发，应在冷却条件下进行。

8. 当洗涤不充分时，馏分中可能含有少量水及乙醇，它们与溴乙烷形成共沸混合物（溴乙烷-水共沸混合物沸点37℃，含水1%；溴乙烷-乙醇共沸混合物沸点37℃，含醇3%）。

【思考题】

1. 蒸馏时为什么可以在接收瓶中加入冰水，加入冰水的目的是什么？
2. 粗产品中有哪些副产物，如何去除？
3. 浓硫酸洗涤的目的何在？
4. 为了减少溴乙烷的挥发损失，本实验中采取了哪些措施？
5. 如果你的实验结果产率不高，试分析其原因。

（锦州医科大学 蔡 东）

实验三十九 苯甲酸的制备

【实验目的】

1. 掌握用甲苯氧化制备苯甲酸的原理及方法。

2. 掌握热滤、抽滤、回流、重结晶等操作方法。

【实验原理】

芳香烃的芳环比较稳定，难以氧化，但含 α-H 的芳烃（这里指的是烷基苯）可以被氧化成羧酸，常用的氧化剂为硝酸、重铬酸钾、硫酸、高锰酸钾、过氧化氢和过氧乙酸等。本实验以甲苯为原料，通过侧链氧化制备苯甲酸，选择的氧化剂为高锰酸钾。反应方程式如下：

$$C_6H_5CH_3 + KMnO_4 \xrightarrow{\Delta} C_6H_5COOK + MnO_2 + H_2O$$

$$C_6H_5COOK + HCl \longrightarrow C_6H_5COOH + KCl$$

由于甲苯不溶于高锰酸钾水溶液中，故该反应为两相反应，因此反应需要较高温度和较长时间，所以反应采用了加热回流装置。如果同时采用机械搅拌或在反应中加入相转移催化剂则可能缩短反应时间。

【实验仪器与试剂】

1. 仪器 圆底烧瓶（500mL），回流冷凝管，布氏漏斗，抽滤瓶，烧杯（200mL），滤纸，搅拌棒，量筒。

2. 试剂 甲苯，高锰酸钾，浓盐酸，亚硫酸氢钠，刚果红试纸。

【实验步骤】

1. 制备 在 500mL 圆底烧瓶中放入 6.8g 高锰酸钾和 110mL 蒸馏水，摇匀后加入 2.3mL 甲苯，2~3 粒沸石。连上回流冷凝管（图 39-1），在石棉网上加热至沸腾，保持回流 1h 左右。加热过程中要间歇摇动烧瓶，以保证正常沸腾，充分反应。

2. 分离提纯 将反应混合物趁热减压过滤，用少量热水洗涤滤渣二氧化锰。合并滤液和洗涤液于 200mL 烧杯中，然后用浓盐酸酸化至刚果红试纸呈明显的蓝色，此时应有苯甲酸晶体析出，如果溶液仍呈紫色或棕色，可加入少量亚硫酸氢钠固体使颜色褪去（注意溶液呈无色时，要检验溶液的 pH，一定要使溶液呈酸性，否则苯甲酸会成盐而溶于水），而后放在冰水浴中冷却，至苯甲酸全部析出。将析出的苯甲酸减压过滤，用少量冷水洗涤，挤压去水分，自然干燥，称量并计算产率。若要得到纯净产物，可在水中进行重结晶，

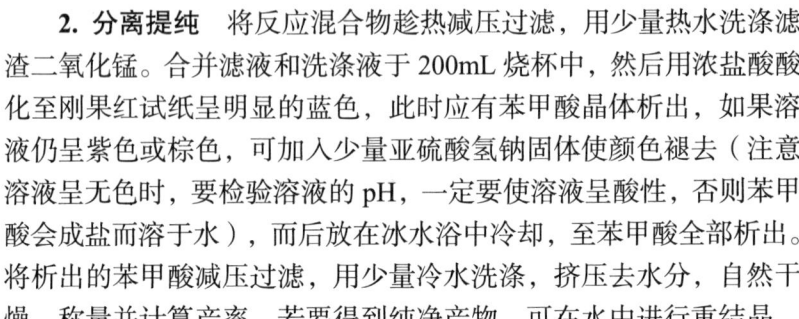

图 39-1 常压回流装置

必要时可以用活性炭脱色,干燥后测定熔点。

苯甲酸为无色针状晶体,熔点文献值为121℃。

【注意事项】

1. 回流时温度不要太高,否则甲苯处于气态,影响产率。

2. 苯甲酸在100g水中的溶解度为4℃,0.18g;18℃,0.27g;75℃,2.2g。

【思考题】

1. 在氧化反应中,影响苯甲酸产量的主要因素是哪些?

2. 反应完毕后,如果滤液呈紫色,为什么要加亚硫酸氢钠?

3. 加入加亚硫酸氢钠后,溶液已经无色透明,但无苯甲酸沉淀析出,估计是什么原因?

(锦州医科大学　贾云宏)

实验四十 乙酸异戊酯的制备

【实验目的】

1. 学习酯化反应原理,掌握乙酸异戊酯的制备方法。

2. 掌握液体有机物的干燥方法。

3. 学会利用萃取洗涤和蒸馏的方法纯化液体有机物。

【实验原理】

乙酸异戊酯为无色透明液体,不溶于水,易溶于乙醇、乙醚等有机溶剂。它是一种香精,因具有香蕉气味,又称为香蕉油。实验室通常采用冰醋酸和异戊醇在浓硫酸的催化下发生酯化反应来制取。反应式如下:

$$CH_3COOH + (CH_3)_2CHCH_2CH_2OH \underset{\triangle}{\overset{H_2SO_4}{\rightleftharpoons}} CH_3\overset{O}{\overset{\|}{C}}-OCH_2CH_2CH(CH_3)_2 + H_2O$$

由于酯化反应是可逆过程,且平衡不利于酯的生成,本实验采取加入过量冰醋酸以提高酯的产率,因为冰醋酸的价格比较便宜而且反应后容易除去。

混在乙酸异戊酯中过量的冰醋酸、未完全转化的异戊醇、起催化作用的硫酸均可用水分液除去,残留在粗酯中的酸用碳酸氢钠水溶液萃取去除,副产物醚类和其他少量杂质经蒸馏予以除去。

【实验仪器与试剂】

1. 仪器 圆底烧瓶(125mL)、球形冷凝管、直形冷凝管、接液管、分液漏斗(100mL)、量筒(25mL)、温度计(200℃)、锥形瓶(100mL)。

2. 试剂 异戊醇、冰醋酸、浓硫酸(98%)、碳酸钠溶液(5%)、食盐水(饱和)、硫酸镁(无水)。

【实验步骤】

1. 酯化 在干燥的圆底烧瓶中加入9mL(约7.3g,0.083mol)异戊醇和15mL(约12g,0.2mol)冰醋酸,在振摇与冷却条件下加入2mL浓硫酸,混匀后放入1~2粒沸石。装上球形冷凝管(图40-1),在石棉网上加热回流1h。

2. 洗涤 停止加热,待混合物冷却到室温后拆除回流装置。将烧瓶中的反应液倒入装有30ml水的分液漏斗中,用5mL冷水淋洗烧瓶内壁,洗涤液并入分液漏斗。充分振摇,接通大气静置,待分界面清晰后,分去水层。再用15mL冷水重复操作一次。然后酯层用15mL 5%碳酸钠溶液分两次洗涤。用pH试纸检验是否为酸性,如仍为酸性,继续用5%碳酸钠溶液洗涤,直至呈碱性为止。弃去水层,将酯层用10mL水洗一次,并加入15mL饱和食盐水助其分层。

3. 干燥 将经过水洗、碱洗和食盐水洗涤后的酯层由分液漏斗上口倒入干燥的50mL锥形瓶中,加入1g粒状无水硫酸镁干燥直到液体澄清为止。

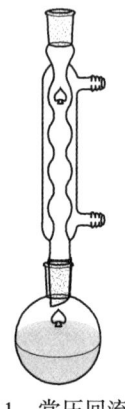

图40-1 常压回流装置

4. 蒸馏 安装一套常压蒸馏装置。将干燥好的粗酯小心滤入干燥的 100mL 蒸馏烧瓶中，放入 1~2 粒沸石，加热蒸馏。用干燥的量筒收集 138~142℃馏分，量取体积并计算产率。

乙酸异戊酯的沸点 142℃，折光率 n_D^{20} =1.40034。

【注意事项】

1. 加浓硫酸时，要分批加入，并在冷却下充分振摇，以防止异戊醇被氧化。

2. 回流酯化时，要缓慢均匀加热，以防止碳化并确保完全反应。

3. 碱洗时放出大量热并有二氧化碳产生，因此洗涤时要不断放气，防止分液漏斗内的液体冲出来。

4. 用饱和食盐水洗涤，可降低酯在水中的溶解度，减少酯的损失。

5. 最后蒸馏时仪器要干燥，不得将干燥剂倒入蒸馏瓶内。

【思考题】

1. 酯化反应制得的粗酯中含有哪些杂质？是如何除去的？洗涤时能否先碱洗再水洗？

2. 本实验根据什么原理来提高乙酸异戊酯的产率？浓硫酸有什么作用？

（锦州医科大学　于秋泓）

实验四十一　乙酰苯胺的制备

【实验目的】

1. 学习和掌握合成乙酰苯胺的原理和实验操作。
2. 学习重结晶基本操作。

【实验原理】

胺的酰化在有机合成中有着重要的作用。作为一种保护措施,芳香族伯胺和仲胺在合成中通常被转化为它们的乙酰基衍生物以降低胺对氧化降解的敏感性,使其不被反应试剂破坏;同时氨基酰化后降低了氨基在亲电取代反应(特别是卤化)中的活性,使其由很强的邻、对定位基变为中等强度的邻、对定位基,使反应由多元取代变为有用的一元取代,由于乙酰基的空间位阻,往往选择性地生成对位取代物。

苯胺($C_6H_5NH_2$)与乙酰基化试剂如冰醋酸、乙酸酐、乙酰氯等反应可制得乙酰苯胺。苯胺与乙酰氯反应速度最快,乙酸酐次之,冰醋酸最慢。但冰醋酸价格便宜,操作方便,为常用乙酰化试剂。其反应方程式为:

$$\underset{}{C_6H_5NH_2} + CH_3COOH \underset{\triangle}{\rightleftharpoons} C_6H_5NHCOCH_3 + H_2O$$

本反应为可逆反应,在实验中采用过量的冰醋酸,并随时将生成的水蒸出,同时加入少量的乙酸酐吸收反应生成的水,以使苯胺完全反应,提高反应产率。

乙酰苯胺的溶解度随温度变化较大,在100g水中25℃时可溶解0.5g,80℃时可溶解3.5g,100℃时可溶解5.2g,因此可用重结晶法提纯乙酰苯胺。

【实验仪器与试剂】

1. 仪器　圆底烧瓶(100mL)、温度计(150℃)、抽滤瓶、布氏漏斗、量筒、热水漏斗、接液管、烧杯。

2. 试剂　苯胺、冰醋酸、乙酸酐、活性炭。

【实验步骤】

图41-1　回流装置

1. 粗产品制备　用干燥的量筒分别量取6mL(约6g)冰醋酸,6mL(约6g)新蒸馏的苯胺和1mL乙酸酐,分别倒入100mL圆底烧瓶中,加入2~3粒沸石,用一个带60~70cm长玻璃管的胶塞塞住瓶口,如图41-1所示,此长玻璃管起回流冷凝管作用。用铁夹将圆底烧瓶固定在石棉网上,用小火加热回流,注意调节火焰,使反应混合物保持沸腾,并使回流液体前沿上升至回流管上端1/3处,这样可以使反应混合物保持沸腾,还可以使反应生成的水从玻璃管上端逸出,使平衡向右移动,提高产率。

回流40~60min后,取下烧瓶,在不断搅拌下,将反应物趁热以细流慢慢倒入盛有100mL冷水的烧杯中,注意要把反应物尽量倒净,用玻璃棒剧烈搅拌,用冰水浴冷却,待粗乙酰苯胺完全析出后,减压抽滤,用 2~3mL 冷水洗涤 1~2 次，以除去粗制乙酰苯胺表面黏附的少量乙酸及没反应的苯胺乙酸盐，抽干，得粗制的乙酰苯胺。

2. 提纯 将粗乙酰苯胺转入盛有 100mL 热水的烧杯中，加热至沸，使之溶解，如仍有未溶解的油珠，可补加热水，至油珠全溶。稍冷后，加入约 1g 活性炭（约半勺），再加热至沸腾，搅拌几分钟，趁热抽滤，将滤液用冰水冷却后可析出乙酰苯胺的白色结晶。抽滤，用 2~3mL 冷水洗涤 1 次，将产品放入干净的表面皿里在 100℃以下的烘箱中烘干，得干燥的精品乙酰苯胺，称量并计算产率，测定熔点。乙酰苯胺纯品的熔点为 114.3℃。

【注意事项】

1. 久置的苯胺容易被空气氧化颜色较深，会影响乙酰苯胺的质量。故最好用新蒸的无色或浅黄色的苯胺。

2. 若回流的液体前沿高于 1/3，会使乙酸损失过多；若液体前沿低于 2/3，水分不易逸出，不利于除去体系中的水。

3. 要在溶液稍冷之后再加活性炭，否则会引起暴沸致使溶液冲出烧杯。

【思考题】

1. 重结晶提纯的原理是什么？
2. 在合成乙酰苯胺时为什么使用冰醋酸而不用乙酰氯？
3. 在合成乙酰苯胺时长玻璃管有什么作用？

（锦州医科大学　于秋泓）

实验四十二　苯胺的制备

【实验目的】

1. 掌握硝基还原为氨基的基本原理。
2. 掌握铁粉还原法制备苯胺的实验步骤。
3. 掌握水蒸气蒸馏的基本操作。

【实验原理】

胺类化合物的制备主要有以下几种方法：硝基化合物还原、卤代烃的氨解、腈和肟化合物的还原、羰基化合物的氨化还原法、酰胺的霍夫曼降解反应、盖布瑞尔合成法制备伯胺等。

制取芳胺时不能将—NH_2直接导入到芳环上，只能经过间接的方法来制取，其中最常用的就是还原相应的芳香族硝基化合物，常用的方法有化学还原、催化还原、电解还原。

本实验是在酸性介质中用铁粉还原硝基苯，可以得到苯胺。

反应方程式为：

$$4\,C_6H_5-NO_2 + 9Fe + 4H_2O \longrightarrow 4\,C_6H_5-NH_2 + 3Fe_3O_4$$

该反应是分步进行的：

$$C_6H_5-NO_2 \xrightarrow{[H]} C_6H_5-N{=}O \xrightarrow{[H]} C_6H_5-NHOH \xrightarrow{[H]} C_6H_5-NH_2$$

用铁来还原硝基苯，酸的用量仅为理论量的 1/4，因为这里除了产生新生态氢以外，主要由生成的亚铁来还原硝基，反应时生成的亚铁可以被硝基苯氧化生成三价铁，它再发生水解反应生成氢氧化铁，氢氧化铁可以分解生成三氧化二铁，三氧化二铁再与氧化亚铁反应生成的四氧化三铁。形成黑色的四氧化三铁是反应是否进行到底的标志。各部反应方程式如下：

$$Fe + 2H^+ \longrightarrow Fe^{2+} + 2[H]$$

$$C_6H_5-NO_2 + 6Fe^{2+} + 6H^+ \longrightarrow C_6H_5-NH_2 + 6Fe^{3+} + 2H_2O$$

$$2Fe^{3+} + 6H_2O \longrightarrow 6H^+ + 2Fe(OH)_3$$

$$2Fe(OH)_3 \longrightarrow Fe_2O_3 + 3H_2O$$

$$Fe_2O_3 + FeO \longrightarrow Fe_3O_4$$

【实验仪器与试剂】

1. **仪器**　圆底烧瓶（250mL）、球形或直形冷凝管、水蒸气发生装置、尾接管、锥形瓶。
2. **试剂**　硝基苯、铁粉、冰醋酸、NaCl、乙醚、氢氧化钠。

【实验步骤】

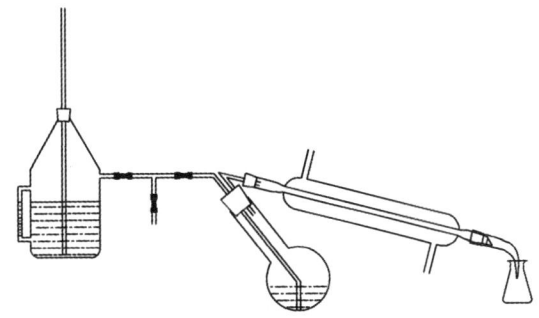

图 42-1 水蒸气蒸馏装置示意图

将 9g（0.16mol）还原铁粉、17mL H_2O、1mL 冰醋酸放入 250mL 圆底烧瓶，振荡混匀，装上回流冷凝管。小火微微加热煮沸 3～5min，稍冷后从冷凝管顶端分几次加入 7mL 硝基苯，每次加完后要用力振摇，混匀。因为该反应强烈放热，足以使反应溶液沸腾。加完后，在石棉网上回流 0.5～1h，在回流过程中，经常用力振荡反应混合物，以使反应完全。

将回流装置改为水蒸气蒸馏装置（参见图 42-1），进行水汽蒸馏，直到馏出液澄清，再多收集 5～6mL 清液，倒入分液漏斗中分液，水层加入 13g NaCl 以降低苯胺在水中的溶解度，而后每次用 7mL 乙醚萃取 3 次，萃取液和有机层用固体 NaOH 干燥，水浴蒸去乙醚，残留物减压蒸馏。

【实验结果和数据处理】

将获得的苯胺产物称重后根据表 42-1 的数据计算产率。

表 42-1 苯胺产物的产率计算

化学式	M	ρ	性状	bp.（℃）
⬡—NO_2	123	1.2	苦杏仁味	211
⬡—NH_2	93	1.022	鱼腥味	184

【注意事项】

1. 制备苯胺加入硝基苯后由于两者相互不相溶，与铁粉接触机会少，因此充分的振荡反应物是使还原反应顺利进行的操作关键。

2. 制备苯胺加热的目的主要是为了活化铁粉，冰醋酸与铁作用产生乙酸亚铁，缩短反应时间。

3. 反应完成的标志是回流中黄色油状物消失而变为乳白色油珠，因为硝基苯是黄色油状物，游离苯胺是乳白色油珠。

4. 硫酸镁的干燥效能较弱，而且干燥所需的时间比较长；氯化钙的干燥效能中等，但吸水后其表面为薄层液体所覆盖，放置时间要长一些；粒状氢氧化钠干燥效能较好，而且干燥速度很快，这样避免了苯胺长时间放置过程中，被空气中的氧气氧化，颜色变暗。

5. 由于苯胺的毒性很大,故在操作时一定要注意不要弄到皮肤上。一旦触及皮肤,先要用水冲洗,再用肥皂和温水洗涤。

【思考题】

1. 有机物必须具备什么性质才能采用水蒸气蒸馏?本实验为何采用此方法?
2. 如果粗产品中含有硝基苯,如何分离提纯?
3. 精制苯胺时,为何用粒状的氢氧化钠作干燥剂而不用硫酸镁或氯化钙?
4. 实验中怎样增加铁粉还原剂的还原效果?

(锦州医科大学 张晓枫)

实验四十三　乙酰水杨酸（阿司匹林）的合成

【实验目的】

1. 学习用乙酸酐作酰基化试剂制备乙酰水杨酸的方法。

2. 巩固重结晶、熔点测定、抽滤等基本操作。

3. 了解乙酰水杨酸的应用价值。

【实验原理】

乙酰水杨酸，商品名为阿司匹林（aspirin），是一个常用的解热止痛、治疗感冒的药物，有关报道表明，人们正在发现它的某些新功能。阿司匹林是由水杨酸（邻羟基苯甲酸）与乙酸酐进行酯化反应而得的。

水杨酸可以止痛，常用于治疗风湿病和关节炎。它是一种具有双官能团的化合物，一个是酚羟基，一个是羧基，羧基和羟基都可以发生酯化，而且还可以形成分子内氢键，阻碍酰化和酯化反应的发生，加入浓磷酸可以破坏分子内氢键，以利于反应的进行。

【实验仪器与试剂】

1. 仪器　锥形瓶（50mL）、温度计（100℃）、量筒（25mL、10mL）、布氏漏斗、玻璃漏斗、蒸发皿。

2. 试剂　水杨酸、乙酸酐、饱和 $NaHCO_3$ 溶液、1% $FeCl_3$ 溶液、浓盐酸、浓磷酸。

【实验步骤】

1. 乙酰化反应　将 5.0mL 的乙酸酐、2.0g 的水杨酸和 1mL 浓磷酸置于干燥的 50mL 锥形瓶中，混合均匀，在 80~85℃ 水浴上加热 8~10min，并不停地振摇。取出冷却析出结晶。再加 50mL 水，置于冰水浴中冷却 10min，使结晶析出完全。抽滤，用 1~2mL 冷水淋洗一次，抽干即得粗品乙酰水杨酸。

2. 精制　将粗产品放入烧杯中，不断搅拌下加入 25mL 饱和 $NaHCO_3$ 溶液，继续搅拌至无气泡冒出为止。常压过滤，并用 5~10mL 水冲洗漏斗。滤液倒入预先装有 5mL 浓盐酸和 10mL 水的烧杯中，用 pH 试纸检验溶液呈酸性（如酸性强度不够，继续向溶液中滴加浓盐酸，直至 pH 试纸变红），即有乙酰水杨酸晶体析出，将烧杯放在冰水浴中使结晶析出，抽滤，用 1~2mL 冷水淋洗两次，抽干，将产品置于蒸发皿上于 50℃ 烘箱中烘干，称重并计算产率。

3. 质量检验

（1）取少量精制乙酰水杨酸放入小试管中，加入适量水溶解，加 1~2 滴 1% $FeCl_3$ 溶液，观察现象。若产品中夹杂有少量的未反应的水杨酸，则与 $FeCl_3$ 溶液显紫色。

（2）测熔点，文献报道乙酰水杨酸的熔点为 135℃。

4. 实验流程　见图 43-1。

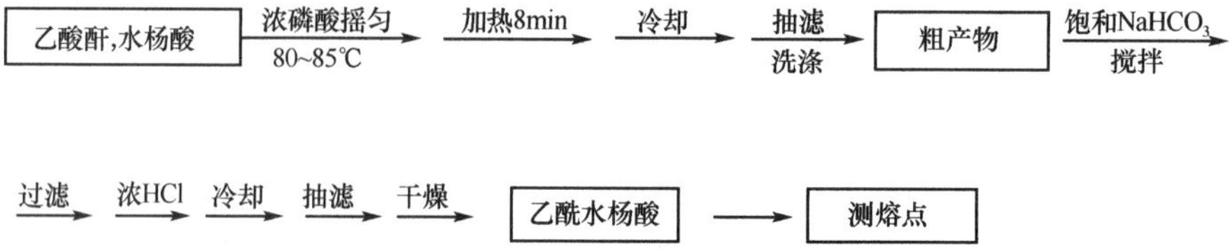

```
乙酸酐,水杨酸 → 浓磷酸摇匀 80~85℃ → 加热8min → 冷却 → 抽滤洗涤 → 粗产物 → 饱和NaHCO₃搅拌

过滤 → 浓HCl → 冷却 → 抽滤 → 干燥 → 乙酰水杨酸 → 测熔点
```

图 43-1 实验流程

【注意事项】

1. 仪器要全部干燥，药品也要事先经干燥处理，乙酸酐要使用新蒸馏的，收集 139~140℃的馏分。

2. 为了检验产品中是否还有水杨酸，利用水杨酸属酚类物质可与三氯化铁发生颜色反应的特点，用几粒结晶加入盛有 3ml 水的试管中，加入 1~2 滴 1% $FeCl_3$ 溶液，观察有无颜色反应（紫色）。

3. 本实验中要注意控制好温度（水温 90℃以下）。

【思考题】

1. 为什么选用的锥形瓶一定是干燥的？
2. 水杨酸与乙酸酐的反应过程中，浓磷酸的作用是什么？
3. 为什么将反应温度控制在 80~85℃？
4. 能否用冰醋酸或乙酰氯作乙酰化试剂？选用乙酸酐有什么好处？
5. 本实验选什么试剂检验产品的纯度？原理是什么？

（锦州医科大学　岳京立）

实验四十四　甲基橙的制备

【实验目的】

1. 通过甲基橙的制备，学习重氮化反应和偶联反应的实验操作。
2. 巩固盐析和重结晶的原理和操作。

【实验原理】

甲基橙是一种指示剂，它是由对氨基苯磺酸的重氮盐与 N,N-二甲基苯胺的乙酸盐在弱酸性介质中偶联得到的。

【实验仪器与试剂】

1. **仪器**　100mL 烧杯、试管、温度计、布氏漏斗。
2. **试剂**　对氨基苯磺酸、N,N-二甲基苯胺、亚硝酸钠、5%氢氧化钠溶液、浓盐酸、冰醋酸。

【实验步骤】

1. 对氨基苯磺酸重氮盐的制备　在 100mL 烧杯中放入 2.1g 对氨基苯磺酸晶体，加入 10mL 5%氢氧化钠溶液，在热水浴中温热使之溶解，冷至室温。

另溶 0.8g 亚硝酸钠于 6mL 水中，加入上述烧杯中，用冰盐浴冷却至 0～5℃。在不断搅拌下，将 3mL 浓盐酸与 10mL 水配成的溶液缓缓滴加到上述混合液中，并控制温度在 5℃ 以下。滴加完后用淀粉-碘化钾试纸检验，然后在冰盐浴中放置 15min，使重氮化反应完全。

2. 偶联反应　取一支试管，加入 1.2mL N,N-二甲基苯胺和 1mL 冰醋酸，振荡使之混合。不断搅拌下将此溶液慢慢加到上述冷却的重氮盐溶液中，加完后继续搅拌 10min，使偶联反应进行完全。然后在搅拌下慢慢加入 25mL 5%氢氧化钠溶液，直至反应物变为橙色，这时反应液呈碱性，粗制的甲基橙呈细粒状沉淀析出。将反应物在沸水浴上加热 5min 使重氮盐分解，冷却至室温后再置于冰水浴中冷却，使甲基橙全部重新结晶析出，抽滤，依次用少量水、乙醇、乙醚洗涤，压干收集晶体。

若要得到较纯的产品，可将滤饼连同滤纸移到装有 75mL 热水（水中溶有 0.1~0.2g 氢氧化钠）的烧杯中，微微加热并且不断搅拌，滤饼几乎完全溶解后，取出滤纸让溶液冷却到室温，然后在冰水浴中冷却，待晶体析出完全后，抽滤，沉淀依次用少量水、乙醇、乙醚洗涤，得到橙色的小片状甲基橙结晶，称重，计算产率。

检验：溶解少许产品于水中，加几滴稀盐酸，然后用稀氢氧化钠溶液中和，观察溶液颜色有何变化。

纯甲基橙是橙黄色片状晶体，没有明确熔点。pH 3.1（红）~pH 4.4（橙黄）。

【注意事项】

1. 对氨基苯磺酸是两性化合物，其酸性略强于碱性，以酸性内盐存在，所以它能溶于碱中而不溶于酸中。

2. 为了使对氨基苯磺酸完全重氮化，反应过程必须不断搅拌。

3. 重氮化反应过程中控制温度很重要，若温度高于 5℃，则生成的重氮盐易水解成酚类，降低产率。

4. 用淀粉-碘化钾试纸检验重氮化反应时，若不显蓝色，尚需酌情补加亚硝酸钠溶液。若亚硝酸已过量，可用尿素水溶液使其分解。

5. 把新制得的重氮盐放入冰盐浴中时往往析出对氨基苯磺酸重氮盐，这是因为重氮盐在水中可以电离，形成内盐（$^-O_3S-\underset{}{\bigcirc}-N^+\equiv N$），此内盐在低温时难溶于水而形成细小结晶析出。

6. 若反应物中含有未反应的 N,N-二甲基苯胺乙酸盐，在加入氢氧化钠后，就会有难溶于水的 N,N-二甲基苯胺析出，影响产物的纯度。湿的甲基橙在空气中受光照射后，颜色会很快变深，故一般得紫红色粗产物，如再依次用乙醇、乙醚洗涤晶体，可使其迅速干燥。

【思考题】

1. 本实验中重氮盐的制备为什么要控制在 0~5℃中进行？
2. 粗甲基橙进行重结晶时，依次用少量水、乙醇和乙醚洗涤，目的何在？
3. N,N-二甲基苯胺与重氮盐偶联时，为什么总是在取代氨基的对位发生？

（锦州医科大学　于秋泓）

实验四十五　茶叶中咖啡因的萃取和分离

【实验目的】
1. 了解天然产物及其提取的概念和一般分离方法。
2. 了解索氏（脂肪）提取器的原理并学会使用索氏（脂肪）提取器。
3. 巩固有机化合物升华的基本操作。

【实验原理】

从茶叶中提取咖啡因遵循的原理是固-液萃取，是利用溶剂在混合物中对所需萃取物质之间溶解度不同而达到分离提纯的目的。通常用加热提取法和浸出法，其中浸出法效率不高，时间长而且溶剂使用量大。加热提取法一般在索氏提取器（或称脂肪提取器）中进行，索氏提取器是由圆底烧瓶、提取管、回流冷凝管三部分组成的，提取管两侧分别有虹吸管和连接管（图 45-1）。各部分连接处要严密，不能漏气。提取时，将茶叶包在脱脂滤纸包内，放入提取管内。圆底烧瓶内加入乙醇，加热圆底烧瓶，乙醇气化，由连接管上升进入冷凝管，凝成液体滴入提取管内，浸提茶叶中的咖啡因及其可溶于乙醇的物质，待提取管内乙醇液面达到一定高度，溶有混合物的乙醇经虹吸管流入圆底烧瓶。流入圆底烧瓶内的乙醇继续被加热气化、上升、冷凝、滴入提取管内，如此循环往复，直到抽提完全为止。

索氏提取器可以使一定量的溶剂多次与固体接触，而每次接触的溶剂都是经蒸馏的纯溶剂，提高效率节约溶剂。萃取前应首先将固体物质研细，以增加液体浸溶的面积，选择溶剂时要求溶剂对被萃取物质的溶解度要大、对杂质的溶解度要小，同时尽量使用沸点较低的溶剂。

茶叶中主要成分是纤维素，除此之外茶叶中还含有多种生物碱，其中以咖啡因为主，占 1%～5%。另外还含有 10%～11%的丹宁酸（又名鞣酸），0.6%的色素及蛋白质等。

咖啡因是杂环化合物嘌呤的衍生物，具有弱碱性，含结晶水的咖啡因为无色针状结晶，味苦，可溶于水、乙醇、氯仿等，在 100℃时即失去结晶水，开始升华，120℃时升华相当显著，到 178℃时升华很快。无水咖啡因的熔点为 238℃。咖啡因的结构式如下：

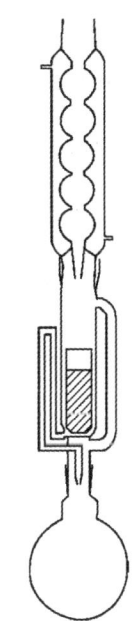

图 45-1　索式提取器

嘌呤　　　1,3,7-三甲基-2,6-二氧嘌呤(咖啡因)

咖啡因具有强心、利尿、兴奋中枢特别是大脑中枢的作用，因此可用作中枢神经的兴奋剂，它也是复方阿司匹林的组分之一。

为了萃取茶叶中的咖啡因，本实验利用乙醇在索氏提取器中对茶叶连续萃取，经加热、蒸发、冷凝、萃取多次循环，直至大部分可溶物质被萃取，然后蒸去溶剂，即得粗咖啡因。粗咖啡因中还含有其他一些生物碱和杂质（如单宁酸）等，可利用升华法进一步提纯。

升华是纯化固体物质的一种方法，指固态物质不经液态直接转变成气态的现象。有些物质在固态时就有较高的蒸气压，因此受热后不经熔化就可直接变为蒸气，冷凝时又复成为固体。固体物质的蒸气压与外压相等时的温度，称为该物质的升华点。

【实验仪器与试剂】

1. 仪器　150mL圆底烧瓶、索氏提取器、蒸发皿、刺有小孔的滤纸、玻璃漏斗。

2. 试剂　茶叶、95%乙醇溶液、生石灰。

【实验步骤】

1. 萃取　称取10g茶叶，放入150mL索氏提取器的滤纸筒中，用量筒取70mL 95%乙醇溶液，将其中一部分倒入索氏提取器中，注意乙醇的液面不要超过虹吸管的最高点，再将剩余的乙醇倒入250mL的圆底烧瓶中，加入1~2粒沸石，按图45-1连好实验装置加热，回流提取。直到提取液颜色较浅为止，待冷凝液刚刚虹吸下去时，立即停止加热。取出滤纸筒和茶叶，用原装置回收乙醇。

继续水浴加热，将乙醇蒸馏到提取管中，当被蒸馏的乙醇量快要达到虹吸管的最高点时，停止加热。把圆底烧瓶中的残液倒入蒸发皿中，拌入3~4g生石灰粉（石灰粉的作用是吸水和中和丹宁等酸性物质）搅成浆状，在蒸气浴上不断搅拌蒸干使呈粉状。再将蒸发皿移至热沙浴上（沙浴的温度不要超过200℃），一定要将水分全部除去，以免升华时污染产物。

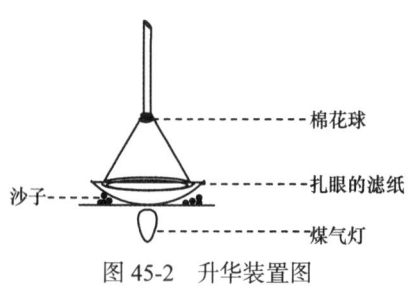

图45-2　升华装置图

2. 升华法提取咖啡因　在蒸发皿上盖一张刺有许多小孔且孔刺向上的滤纸，再罩一个合适漏斗，漏斗颈部塞一小团疏松棉花，见图45-2，用沙浴小心加热，控制温度，使沙浴上层的温度约在200℃左右。当纸孔出现白色毛状结晶（或发现有棕色烟雾）时，即升华完毕，停止加热。冷却后，取下漏斗，轻轻揭开滤纸，用小刀仔细地刮下咖啡因，残渣经搅拌后，用较大火再加热片刻，使升华完全。合并两次升华的咖啡因，称重并测定熔点（产物不纯时可再次升华）。

【实验结果和数据处理】

将获得的升华产物称重，估计所用茶叶中的咖啡因含量。

【注意事项】

1. 滤纸包茶叶末时要严实，防止茶叶末漏出堵塞虹吸管；滤纸包大小要合适，既能紧贴套管内壁，又能方便取放，且其高度不能超出虹吸管高度。

2. 浓缩萃取液时不可蒸得太干，否则因残液很黏而难于转移，造成损失。

3. 升华过程中要控制好温度，若温度太低，升华速度较慢；若温度太高，会使产物发黄。

【思考题】

1. 提取咖啡因时，用到的生石灰起什么作用？
2. 除用升华法提纯咖啡因外，还可用何种方法？
3. 除了乙醇，还有哪些溶剂可以萃取咖啡因？
4. 实验中沙浴的温度过高会有什么后果？
5. 升华实验中如果含有水分会有什么影响？

（锦州医科大学　张晓枫）

实验四十六　从橙皮中提取柠檬烯

【实验目的】

1. 掌握橙皮中提取柠檬烯的原理和方法。

2. 学习水蒸气蒸馏的原理、方法及应用。

【实验原理】

在工业上经常用水蒸气蒸馏的方法来获取精油，精油是植物组织经水蒸气蒸馏得到的挥发性成分的总称，大多具有令人愉快的香味。从柠檬、橙子和柚子等水果果皮中得到的精油，其主要成分是柠檬烯。柠檬烯属于萜类化合物。萜类化合物是指基本骨架可看作由两个或更多的异戊二烯以头尾相连的方式而构成的一类化合物。柠檬烯是一种环状单萜类化合物，结构式为：

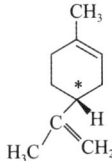

柠檬烯分子中有一个手性碳原子，故存在光学异构体。天然柠檬烯是以（+）的形式出现的，它的绝对构型是 R 型。

本实验中，我们将用水蒸气蒸馏法从橙皮中提取柠檬烯，再用二氯甲烷萃取馏出液，然后蒸去二氯甲烷，留下的残液为橙油。分离得到的产品可以通过测定折射率、旋光度等进行鉴定，同时用气相色谱分析产品的含量。

【实验仪器与试剂】

1. 仪器　水汽发生器、直形冷凝管、接引管、圆底烧瓶、分液漏斗、蒸馏头、锥形瓶、气相色谱仪（配氢火焰离子化检测器或热导检测器）、毛细管色谱柱、微量进样器、氮气（载气）、氢气。

2. 试剂　新鲜橙子皮、二氯甲烷、无水硫酸钠。

【实验步骤】

1. 将 3～4 个新鲜橙子皮剪成碎片后，放入 500mL 圆底烧瓶中，加入 250mL 水。水汽发生器中加入 2/3 体积的水（参见实验四十二中的图 42-1），连接好实验装置，进行水蒸气蒸馏。待馏出液达 50～60mL 时即可停止。此时，馏出液水面上浮着一层薄薄的油层。

2. 将馏出液倒入 125mL 分液漏斗中，每次用 10mL 二氯甲烷萃取，萃取三次。将萃取液合并，放入 50mL 锥形瓶中，用无水硫酸钠干燥半个小时以上。

3. 将干燥液滤入 50mL 圆底烧瓶中，用常压蒸馏方法水浴加热蒸去二氯甲烷。待二氯甲烷基本蒸完后，再用水泵减压抽去残余的二氯甲烷，瓶中留下少量橙黄色液体即为橙油。

4. 测定橙皮提取物。将上述实验中得到的橙皮提取物用乙醇稀释数倍。用微量进样器吸取 0.1～0.3μL 样品进样，用色谱工作站采集记录色谱数据并记录谱图文件名。重复进样两次。数据处理和记录：进入色谱工作站的数据处理系统，依次打开色谱图文件并对色谱图进行处理，同时记下各色谱峰的保留时间和峰面积。实验完毕后用乙醚抽洗微量进样器数次，并关闭仪器和计算机。

【实验结果和数据处理】

1. 纯柠檬烯的沸点为 176℃，折光率 n_D^{20} 为 1.4727，$[a]_D^{20}$ 为 +125.6°。

2. 得到的橙油用减量法称重。

3. 将橙皮提取物气相色谱图中各峰的保留时间与柠檬烯的保留时间相比较，确定橙皮提取物中哪一个峰代表柠檬烯，并用归一化法计算橙皮提取物中柠檬烯的含量。

【注意事项】

1. 橙子皮要新鲜，剪成小碎片。

2. 产品中二氯甲烷一定要抽干，否则会影响产品的纯度。

3. 橙皮提取物中还有柠檬醛、辛醛、芳香醇、香叶醇等一些含氧化合物，它们在检测器上的响应值与柠檬烯不同。

【思考题】

1. 通常实验室进行的蒸馏操作分为哪几种？
2. 能进行水蒸气蒸馏的物质必须具备哪几个条件？
3. 讨论本实验定量结果偏低还是偏高？
4. 保持柠檬烯的骨架不变，能写出几种同分异构体？

（锦州医科大学　王冠男）

实验四十七 类胡萝卜素的提取

【实验目的】
1. 了解类胡萝卜素的结构特点和性质。
2. 掌握从胡萝卜或番茄中提取分离 β-胡萝卜素和番茄红素的原理与方法。

【实验原理】
类胡萝卜素是链状或环状含有 8 个异戊间二烯单位、四萜烯类头尾连接而成的多异戊间二烯化合物,具有 α、β、γ 型异构体和番茄红素等。已知天然类胡萝卜素约有 300 种。类胡萝卜素具有抗氧化的功能,类胡萝卜素分子结构中含有多个共轭双键,能减少自由基对细胞遗传物质(DNA、RNA)和细胞膜(如蛋白质、脂质和糖类)的损伤。许多研究表明,在机体衰老、患病及炎症过程中,体内自由基增加,而类胡萝卜素能抑制自由基的产生或消除过多的自由基,可以延缓衰老和预防癌症。β-胡萝卜素和番茄红素的分子中都有一个较长的 n-n 共轭体系,能吸收不同波长的可见光,因而,它们都呈现一定的颜色,β-胡萝卜素是黄色物质,番茄红素是红色物质,所以,又把它们称为多烯色素。β-胡萝卜素和番茄红素的结构式分别如下:

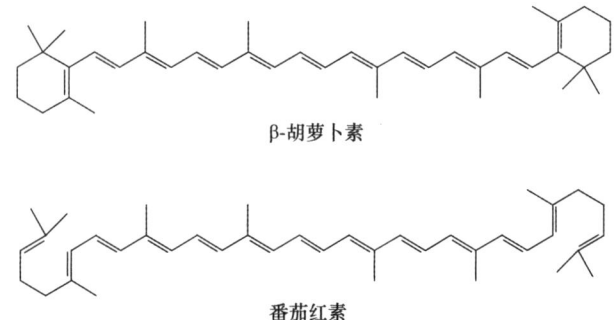

β-胡萝卜素

番茄红素

β-胡萝卜素和番茄红素的分子式均为 $C_{40}H_{56}$,分子量为 536.85,β-胡萝卜素的熔点为 184℃,番茄红素的熔点为 174℃。β-胡萝卜素和番茄红素是不饱和碳氢化合物,难溶于甲醇、乙醇,可溶于乙醚、石油醚、正己烷、丙酮,易溶于氯仿、二硫化碳、苯等有机溶剂。

根据 β-胡萝卜素和番茄红素的上述性质,故可利用石油醚、乙酸乙酯等弱极性溶剂将它们从植物材料中浸提出来。

【实验仪器与试剂】
1. **仪器** 锥形瓶(100mL)、分液漏斗(150mL)、蒸馏瓶(100mL)、常压蒸馏装置(或减压蒸馏装置)、量筒、烧杯。
2. **试剂** 番茄或胡萝卜、食盐、丙酮、乙酸乙酯、石油醚(60~90℃)、乙醇、无水硫酸镁、无水硫酸钠、丙酮。

【实验步骤】
1. 称取 20g 新鲜番茄果肉,捣碎,置于 100mL 锥形瓶中,再加入 5g 食盐,用玻璃棒搅拌,使食盐与番茄果肉充分混合均匀,放置一定时间,便会看到果肉组织中水分大量渗出。脱水时间持续 15~30min。随后将脱除下来的水分滤入 150mL 分液漏斗中。

2. 向经过食盐脱水的番茄果肉中加入 10mL 丙酮，用玻璃棒搅拌，并静置 5～10min。然后将丙酮提取液也滤入分液漏斗中。

3. 向经过丙酮处理的番茄果肉加入 10ml 乙酸乙酯浸提 5min。浸提过程中应不时振摇锥形瓶，使番茄果肉与溶剂充分接触；若室温过低，可将锥形瓶置于温水浴中温热，但应注意不能使浸提溶剂明显挥发损失。5min 后将提取液也滤入分液漏斗中，并用玻璃棒轻压残渣尽量使溶剂流尽。再用乙酸乙酯重复提取 2 次，每次 10mL，合并提取液至分液漏斗中。

4. 充分振摇分液漏斗中的混合溶液，静置，完全分层后，分去水层，有机层（酯层）再用蒸馏水洗 2 次，每次 8～10mL，弃去水层。酯层自分液漏斗上口倒入干燥的小锥形瓶中，加入适量无水硫酸镁（或无水硫酸钠）干燥 15min（注意：应避光）。

5. 干燥后的酯层滤入 50mL 干燥的蒸馏瓶中，水浴加热，小心蒸馏（最好减压蒸馏）浓缩至 1～2mL，所得浓缩液即为类胡萝卜素样品。

【注意事项】

新鲜番茄果肉组织中含有大量水分，类胡萝卜素处在含水量很高的细胞环境中，有机溶剂不易渗透进去，因此，为了提高提取效率，减少提取溶剂用量，应首先用食盐对番茄果肉进行脱水处理。经食盐一次脱水处理后，番茄果肉里仍然含有一定量水分，致使所用提取溶剂还是无法进入细胞内很好地将类胡萝卜素溶出，故选用弱极性溶剂丙酮对其进一步脱水，同时也会溶出部分类胡萝卜素。为了最大限度地减少类胡萝卜素的损失，应将前步脱除下来的水及这一步的丙酮浸提液都滤入分液漏斗中合并处理。经丙酮处理后的番茄果肉便可直接加有机溶剂浸提。

【思考题】

1. 试述类胡萝卜素的结构特点。
2. 提取类胡萝卜素还可用什么提取剂？
3. 在类胡萝卜素的提取过程中应注意什么？

（锦州医科大学　张晓枫）

实验四十八　菠菜色素的提取与分离

【实验目的】

1. 学会色素提取和分离的方法，了解色素性质。

2. 掌握用吸附层析法分离蔬菜叶色素的基本原理和操作技术。

【实验原理】

柱色谱是分离、纯化与鉴定有机物的重要方法之一。柱色谱分为吸附色谱、分配色谱。在吸附色谱中，一般选用氧化铝作为吸附剂（固定相）。不同种类的化合物在氧化铝吸附剂上被吸附能力不同。在柱色谱中流动相称洗脱剂，洗脱剂的极性大小直接影响实验的效果。在吸附色谱发生层析行为时，混合样品随着流动相通过吸附剂，由于吸附剂对不同物质有不同的吸附能力而使混合样品分离。菠菜是人们喜爱的蔬菜之一，菠菜叶中含有叶绿素、胡萝卜素和叶黄素等多种天然色素。叶绿素是植物光合作用所必需的催化剂，也是可食用的绿色色素，可用于糕点、饮料等中。胡萝卜素的三种异构体中β-胡萝卜素可代替维生素 A 使用，也可作为食品工业中的色素使用，β-胡萝卜素还有防癌功能。叶黄素是胡萝卜素的羟基衍生物，在光合作用中能起收集光能的作用。由此可见，叶绿素等天然色素有广泛的用途，对于色素的提取与分离就显得很重要了。本实验以菠菜叶为原料，用石油醚-乙醇混合溶剂萃取，得到色素的混合物，再用柱色谱进行分离。胡萝卜素极性最小，当用石油醚-丙酮洗脱时，随洗脱剂流动较快，第一个被分离出；叶黄素分子中含有两个极性的羟基，增加洗脱剂中丙酮的比例，使其随洗脱剂流出；叶绿素分子中极性基团较多，可用正丁醇-乙醇-水混合溶剂将其洗脱。

【实验仪器与试剂】

1. 仪器　布氏漏斗、研钵、分液漏斗、毛细管、层析柱（20cm×1cm）（或酸式滴定管）、圆底烧瓶。

2. 试剂　石油醚（60～90℃）、丁醇（化学纯）、乙醇（95%）、菠菜叶、丙酮（化学纯）、乙酸乙酯（化学纯）、无水硫酸钠、硅胶 G、中性氧化铝（150 目～160 目）。

【实验步骤】

1. 菠菜色素的提取　称取 20g 洗净并控干水分的新鲜菠菜叶，用剪刀剪碎，加入 20mL 乙醇，在研钵中研磨 5min，后用布氏漏斗轻微抽滤，弃去滤液。将菠菜汁放回研钵，用 15mL 石油醚-乙醇混合液（体积比为 3∶2）适当研磨，抽滤，重复三次，将每次的提取液用滴管转移到分液漏斗中，用蒸馏水洗涤两次，每次 10mL，以除去萃取液中的水溶性杂质及乙醇（为防止乳化洗涤时要轻轻振荡），石油醚层用无水硫酸钠干燥后倾至圆底烧瓶，水浴蒸去大部分石油醚至体积约为 3mL。

2. 柱色谱分离菠菜色素　用 25mL 酸式滴定管代替层析柱。取少许脱脂棉，用石油醚浸润后挤压以驱除气泡，然后借助长玻璃棒将其放入色谱柱底部，关好旋塞，将细粉状氧化铝用石油醚浸泡，搅匀除去气泡，装入柱中，待氧化铝粉末沉降完全，打开旋塞，将洗脱剂放出至刚好浸润氧化铝表面，将菠菜色素提取物用滴管慢慢加入，待色素全部进入柱体后，在柱顶小心加洗脱剂 9∶1（V/V）石油醚-丙酮，开始进行洗脱，用锥形瓶收集馏分。

当第一个橙黄色色带将滴出时换另一锥形瓶收集,得到胡萝卜素。该色带洗脱完毕,改用石油醚-丙酮 7∶3（V/V）作洗脱剂,分出第二个黄色带,它是叶黄素。再用丁醇-乙醇-水 3∶1∶1（V/V）作洗脱剂,洗脱叶绿素。

【注意事项】

1. 石油醚易挥发、易燃,使用时需注意安全。

2. 色谱柱装填时注意排尽气泡,以防影响分离效果。

3. 上样后要用石油醚反复洗两次,待层析柱壁和吸附剂表面无色素成分时再换洗脱剂。

【思考题】

1. 叶绿素、叶黄素和胡萝卜素在柱色谱上的分离速度不一样,这与它们的分子量有关吗?

2. 为什么可以用无水硫酸钠干燥菠菜色素提取液?水的存在有何影响?

（锦州医科大学　于丽丽）

实验四十九 苯甲酸与苯甲醇的制备

【实验目的】

1. 学习以苯甲醛制备苯甲酸和苯甲醇的原理和方法。
2. 掌握液体有机化合物分离纯化的操作方法。
3. 掌握固体有机化合物分离纯化的操作方法。

【实验原理】

不含 α-氢原子的脂肪醛、芳醛或杂环醛类在浓碱作用下醛分子自身发生氧化还原反应，发生生成相应的羧酸（在碱溶液中生成羧酸盐）和醇的有机歧化反应。该反应最早由意大利化学家斯塔尼斯奥拉·坎尼扎罗于 1853 年发现，他在用草木灰处理苯甲醛时得到了苯甲酸和苯甲醇，由此而称为坎尼扎罗反应。

$$2C_6H_5CHO + NaOH \longrightarrow C_6H_5COONa + C_6H_5CH_2OH$$
$$C_6H_5COONa + HCl \longrightarrow C_6H_5COOH + NaCl$$

【实验仪器与试剂】

1. **仪器** 100mL 电加热套、100mL 圆底烧瓶、冷凝管、分液漏斗、乙酸乙酯、锥形瓶、普通漏斗、棉花、空气冷凝管。

2. **试剂** NaOH（固体）、苯甲醛、饱和亚硫酸氢钠溶液、10%碳酸钠溶液、无水硫酸钠、浓盐酸、蒸馏水、冰、乙酸乙酯。

【实验步骤】

1. 在 100mL 圆底烧瓶中加入 12.8g NaOH 和 40mL 蒸馏水，冷却至室温后，在不断搅拌下，分次将 12.6mL 苯甲醛加入到圆底烧瓶中，投入沸石，搭成回流装置，回流 1.5h，至反应物透明。

2. 向反应混合物中逐渐加入足够量的蒸馏水（20～25mL），不断搅拌使其中的苯甲酸盐全部溶解，冷却后将溶液倒入分液漏斗中，用 30mL 乙酸乙酯分 3 次萃取苯甲醇，冷却后用将乙酸乙酯萃取过的水溶液保存好。

3. 合并乙酸乙酯萃取液，依次用 10mL 饱和亚硫酸氢钠溶液、10mL10%碳酸钠溶液和 10mL 冷水洗涤。分离出乙酸乙酯溶液，用无水硫酸钠干燥 5min。

4. 在普通漏斗上塞入棉花，将干燥后的乙酸乙酯溶液经漏斗过滤后引入 100mL 圆底烧瓶中，旋转蒸发器回收乙酸乙酯。

5. 蒸完乙酸乙酯后，改用空气冷凝管，在电热套中继续加热，蒸馏苯甲醇，收集 198～204℃的馏分，纯苯甲醇为无色液体。称重，计算产率。

6. 取 30mL 前面保存的乙酸乙酯萃取过的水溶液，投入 20g 碎冰。在不断搅拌下慢慢滴加 20mL 浓盐酸。充分冷却使苯甲酸完全析出，抽滤，用少量冷水洗涤，尽量抽干水分，取出粗产物，称量。粗苯甲酸可用水重结晶法得到纯苯甲酸。

【实验结果和数据处理】

分别计算苯甲醇和苯甲酸的产率。

【注意事项】

1. 由于是两相反应,所以充分振摇是反应成功的关键。

2. 酸化时一定要充分,使苯甲酸完全析出。

【思考题】

1. 苯甲醛长期放置后含有什么杂质?如果实验前不除去,对本实验会有什么影响?
2. 用饱和亚硫酸氢钠溶液和 10%碳酸钠溶液洗涤乙酸乙酯萃取液的目的分别是什么?

(锦州医科大学 周西斌)

实验五十 硼氢化钠还原法制备 1-苯乙醇及外消旋体的分离和分析

【实验目的】

1. 掌握硼氢化钠还原苯乙酮合成外消旋体 1-苯乙醇的反应原理和实验方法。
2. 掌握采用薄层色谱（TLC）监测反应过程的方法。
3. 学会采用手性 HPLC 分析外消旋化合物。

【实验原理】

硼氢化钠是一种无机化合物，在常温常压下稳定，对空气中的水汽和氧较稳定，操作处理容易，适用于工业规模。因为溶解性的问题，通常使用甲醇、乙醇作为溶剂。在无机合成和有机合成中硼氢化钠常用作还原剂。硼氢化钠可以在非常温和的条件下实现醛酮羰基的还原，生成一级醇、二级醇。还原步骤是先把底物溶于溶剂，一般是甲醇或者乙醇，然后用冰浴冷却，将硼氢化钠粉末加入混合物搅拌至反应完全即可。硼氢化钠是一种中等强度的还原剂，所以在反应中表现出良好的化学选择性，只还原活泼的醛酮羰基，而不与酯、酰胺作用，一般也不与碳碳双键、三键发生反应。少量硼氢化钠可以将腈还原成醛，过量则还原成胺（图 50-1）。

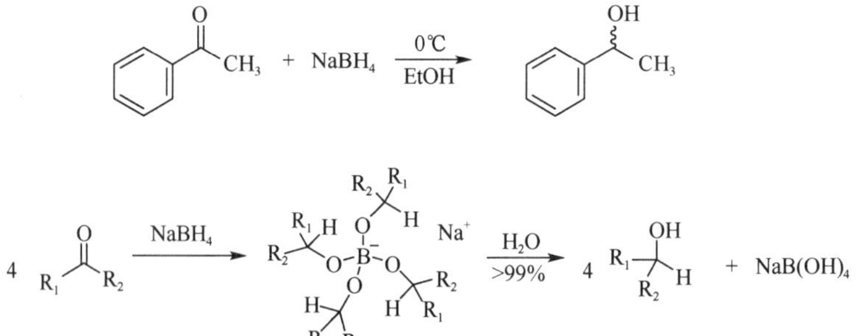

图 50-1 硼氢化钠还原醛酮机制

1-苯乙醇也称苏合香醇，外观为无色至淡黄色液体，香气似栀子、紫丁香样，带些许玫瑰香韵。可用于调配日化香精，也可用于作为制取乙酸苏合香酯和丙酸苏合香酯的原料。

【实验仪器与试剂】

1. **仪器** 高效液相色谱，手性色谱柱，旋转蒸发仪，循环水真空泵，循环冷凝器，电磁加热搅拌器，100mL 圆底烧瓶，量筒，锥形瓶结晶皿，电子天平。

2. **试剂** 苯乙酮，硼氢化钠，乙醇，正己烷，2-异丙醇，石油醚，乙酸乙酯，10% HCl 溶液，饱和氯化钠溶液，无水硫酸钠，薄层层析板。

【实验步骤】

1. 在 100mL 圆底烧瓶中加入乙醇（30mL）和硼氢化钠（0.76g，20mmol），搅拌。用 10mL 量筒取苯乙酮的乙醇溶液（4mmol/mL）5mL，在冰浴条件下缓慢加入至前悬浮溶液中（控制冰浴温度低于 10℃）。加毕后再用 5mL 乙醇涮洗量筒并加入反应体系，移除冰浴，室温搅拌。

2. 室温反应 0.5h 后，采用薄层色谱板监测反应体系中原料的反应程度（展开剂为 $V_{石油醚}/V_{乙酸乙酯}$ = 8/1）。当原料消失后，将大部分乙醇蒸干，然后加入乙酸乙酯（40mL）和 10% HCl 溶液（30mL）萃取。有机相用 20mL 饱和氯化钠溶液洗涤，萃取后有机相放入 100mL 锥形瓶中并加入 4.0g 无水硫酸钠干燥 5min。

3. 在普通漏斗上塞入棉花，将干燥后的乙酸乙酯溶液经漏斗过滤后引入 100mL 圆底烧瓶中，旋转蒸发器回收乙酸乙酯后得到 1-苯乙醇粗产物（较纯，可通过 TLC 粗略确定纯度），如需进一步纯化可用柱层析方法。

4. 采用手性 HPLC 分析消旋化合物：分离条件——Chiracel OJ 手性柱；流动相正己烷/2-异丙醇 = 95/5）；温度（室温）；流速（0.5 mL/min）；λ = 254 nm。观察一对对应异构体的出峰时间和出峰面积。

5. 取少量 1-苯乙醇涂在预先压好的溴化钾盐片上，测试和分析 1-苯乙醇的红外光谱，并和原料苯乙酮的红外光谱做对比（原料苯乙酮的红外光谱见图 50-2）。指出产物与原料红外光谱图的不同及原因。

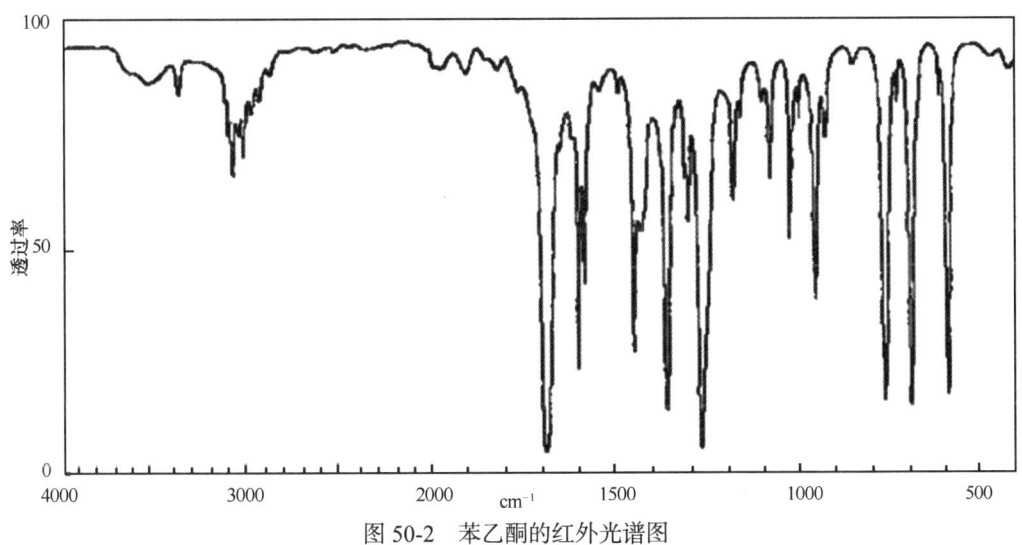

图 50-2 苯乙酮的红外光谱图

【实验结果和数据处理】

1. 计算产率。

2. 分析对应异构体的含量对比和特征。

3. 指出产物与原料红外光谱图的不同及原因。

【注意事项】

1. 苯乙酮有特殊且令人不愉快的气味，所以事先将其配成苯乙酮的乙醇溶液使用。取用过程中尽量不要将溶液撒到实验台、玻璃仪器及衣物上。取用后的量筒尽快用少量乙醇溶液清洗。

2. 控制冰浴温度低于 10℃。

3. HPLC 进样前需过滤膜。

4. 在进行红外测试前,要将乙酸乙酯尽量蒸干;用毛细管在溴化钾盐片上涂很薄一层 1-苯乙醇即可,千万不要涂多;测试后的盐片不要随意丢弃,要集中起来一并处理。

【思考题】

1. 请介绍其他制备外消旋 1-苯乙醇的方法。
2. 苯乙酮和消旋体 1-苯乙醇在 TLC 板上的 R_f 值(展开剂为 $V_{石油醚}/V_{乙酸乙酯}=8:1$ 和 $4:1$),本实验条件下消旋体 1-苯乙醇在 HPLC 的保留时间?
3. 如果采用氘代硼氢化钠,还原产物应该是什么?

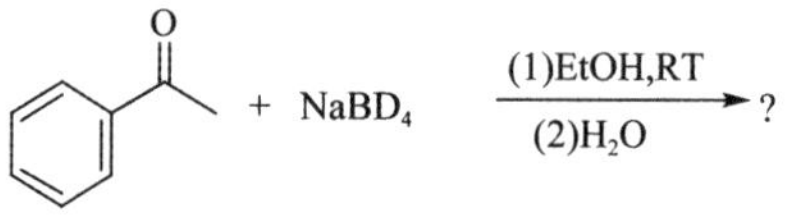

$$\text{PhCOCH}_3 + \text{NaBD}_4 \xrightarrow[\text{(2)H}_2\text{O}]{\text{(1)EtOH,RT}} ?$$

(锦州医科大学 周西斌)

实验五十一　核磁共振波谱实验

【实验目的】

1. 了解核磁共振氢谱和碳谱常规实验的实验方法,熟悉核磁共振谱的主要参数及设置原则。
2. 了解核磁实验的实验设计,熟悉谱图的特征。
3. 学会较简单化合物核磁共振谱的分析方法。

【实验原理】

核磁共振谱（nuclear magnetic resonance，NMR）在有机化合物分子结构研究中是一种重要的剖析工具。该技术取决于当有机物被置于磁场中时所表现的特定核的核自旋性质。在有机化学中,最有用的是氢核和碳核,氢和碳的核磁共振谱可以反映出有机分子结构中处于不同位置的氢原子和碳原子,相对数目及相互之间关系等信息,进而推断出其分子结构。

常用的 NMR 仪频率为 200MHz 的 NMR 仪,磁场强度 H_0 为 4.70mT。目前频率为 900MHz 的超导 NMR 仪已经问世,这将对有机化学、生物化学和药物化学的发展起到重要的推动作用。

1. 核磁共振的原理　原子是自旋的,由于质子带电,它的自旋产生了一个小的磁矩,如同小磁铁,若将其置于磁场中,它们将按照磁场方向取向,而核磁共振谱正是以测定改变这种取向所需的射频为基础。核磁共振波谱仪原理如图 51-1 所示。测试时,将样品管插入磁场强度很大的电磁铁腔中,用固定频率的无线电波照射时,在扫描发生器的线圈中通直流电,产生一微小的磁场,使总磁场的强度增加。当磁场强度达到一定值时,使辐射的能量恰好等于自旋核两种不同取向（$m=1/2$ 和 $m=-1/2$）的能量差（ΔE）时,样品中的某一类质子发生能级跃迁,得到能量吸收曲线,接收器就会接收信号,记录仪产生 NMR 图谱。这种现象称为核磁共振。当频率为 $v_{射}$ 的射频照射自旋体系时,由于该射频的能量 $E_{射} = hv_{射}$,因此核磁共振要求的条件为 $hv_{射}=\Delta E$。

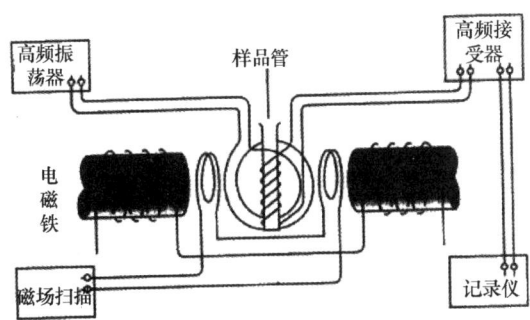

图 51-1　核磁共振波谱仪原理示意图

目前研究得最多的是 ^{1}H 的核磁共振和 ^{13}C 的核磁共振。^{1}H 的核磁共振称为质子磁共振（proton magnetic resonance）,简称 PMR,也表示为 ^{1}H-NMR。^{13}C 核磁共振（carbon-13 nuclear magnetic resonance）简称 CMR,也表示为 ^{13}C-NMR。

2. 化学位移 质子的共振频率不仅由外加磁场和核的磁旋律决定，而且还受到质子周围的分子环境的影响。分子中核不是完全裸露的，质子被价电子包围着。这些电子在外界磁场的作用下发生循环的流动，会产生一个感应的磁场，感应磁场应与外界磁场相反（楞次定律），所以，质子实际上感受到的有效磁感应强度应是外磁场感应强度减去感应磁场强度。外电子对核产生的作用称为屏蔽效应，也称抗磁屏蔽效应。与屏蔽较少的质子比较，屏蔽多的质子对外磁场感受较少，将在较高的外磁场 B_0 作用下才能发生共振吸收。而由于磁力线是闭合的，因此感应磁场在某些区域与外磁场的方向一致，处于这些区域的质子实际上感受到的有效磁场应是外磁场 B_0 加上感应磁场 $B_{感应}$。这种作用称为去屏蔽效应。受去屏蔽效应影响的质子在较低外磁场 B_0 作用下就能发生共振吸收。因在相同频率电磁辐射波的照射下，不同化学环境的质子受的屏蔽效应各不相同，因此它们发生核磁共振所需的外磁场 B_0 也各不相同，即发生了化学位移。

化学位移的差别约为百万分之十，要精确测定其数值十分困难。现采用相对数值表示法，即选用一个标准物质，以该标准物的共振吸收峰所处位置为零点，其他吸收峰的化学位移值根据这些吸收峰的位置与零点的距离来确定。最常用的标准物质是四甲基硅（CH_3）$_4Si$，简称 TMS。选 TMS 为标准物是因为：TMS 中的四个甲基对称分布，因此所有氢都处在相同的化学环境中，它们只有一个锐利的吸收峰。另外，TMS 的屏蔽效应很高，共振吸收在高场出现，而且吸收峰的位置处在一般有机物中的质子不发生吸收的区域内。现规定化学位移用 δ 来表示，四甲基硅吸收峰的 δ 值为零，其峰右边的 δ 值为负，左边的 δ 值为正。测定时，可把标准物与样品放在一起配成溶液，这称为内标准法。也可将标准物用毛细管封闭后放入样品溶液中进行测定，这称为外标准法。常见不同结构中质子和碳原子的化学位移如图 51-2 和图 51-3 所示。

3. 解析核磁共振谱时，应注意以下几点

（1）在 NMR 谱图中，每组峰的面积与产生这组信号的质子数成正比。比较各组信号的峰面积，可以确定各种不同类型质子的相对数目。近代核磁共振仪都具有自动积分功能，可以在谱图上记录下积分曲线。

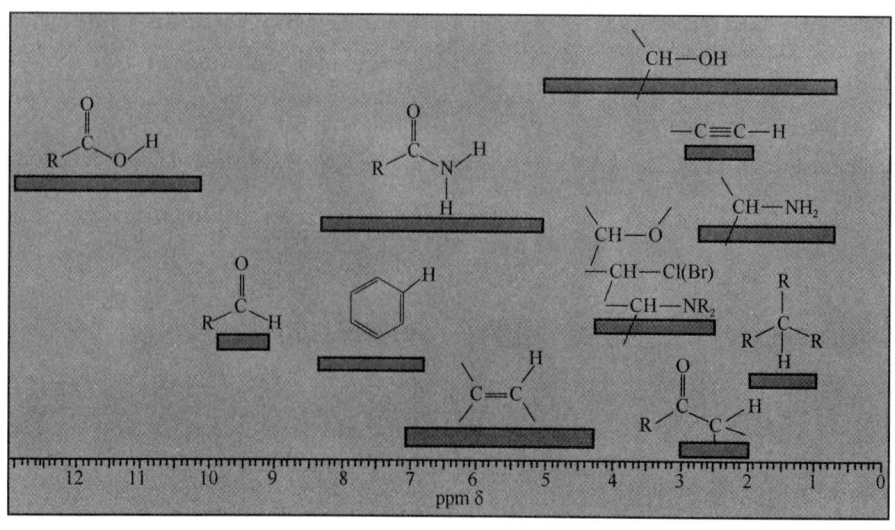

图 51-2 常用质子化学位移分布图

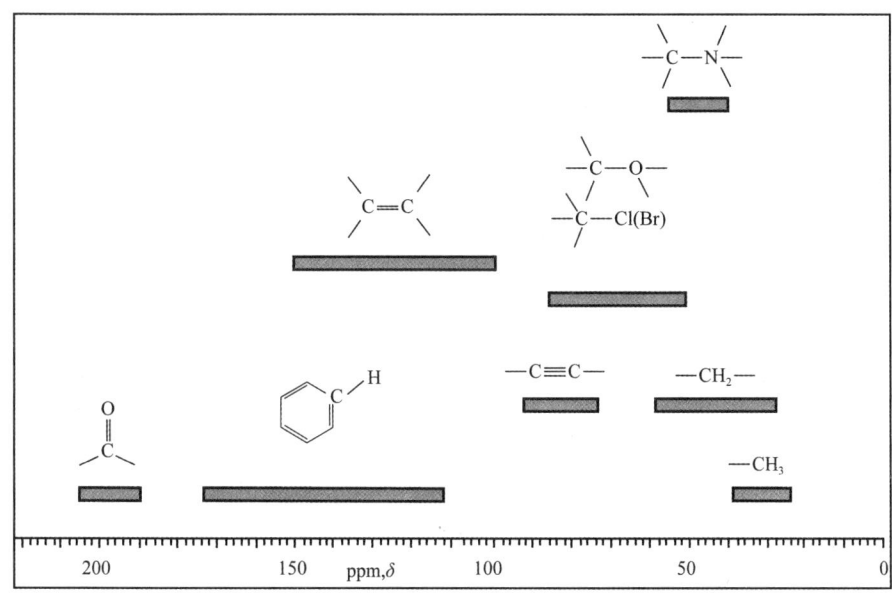

图 51-3 常用碳原子化学位移分布图

（2）n 个等性质子会使临位质子核磁共振信号分裂成 $n+1$ 重峰。例如，在 β-萘乙醚的核磁共振谱中，位于 $\delta 4.0$ 的四重峰是与氧原子直接相连的亚甲基上的质子峰，位于 $\delta 1.5$ 处的三重峰是甲基上的质子峰。这两处的多种峰是由于相邻碳上的质子间发生自旋耦合和自旋裂分而产生的。在 β-萘乙醚的分子结构中，与亚甲基相邻的甲基上有三个质子，因此，亚甲基质子信号被分裂成四重峰，强度比为 1：2：2：1；同理，由于与甲基相邻的亚甲基上有连个质子，因此甲基质子信号被裂分为三重峰，强度比为 1：2：1。当然，许多有机化合物的核磁共振谱比上述的例子要复杂得多，很多情况下还要结合其他波谱信息及有关物理、化学性质做综合分析才能获得争取的分子结构。

【实验方法】

1. 核磁共振样品的制备　核磁共振测定一般使用配有密封塞的标准石英核磁管。样品量一般在 5～10mg，溶质溶于 0.5～1.0mL 溶剂中。对于本实验，用毛细管取约 5mg 苯甲酸乙酯放入核磁管中，加入 0.5 mL 氘代氯仿配成溶解液待测。

对于固体有机化合物一定要选择合适的氘代溶剂将其溶解，要求样品与试剂充分混合，溶液澄清，透明，无悬浮物或其他杂质。常用的氘代的溶剂有氘代氯仿、氘代丙酮、氘代甲醇、氘代四氢呋喃、氘代 DMF、氘代 DMSO 及氘代水等。

2. 仪器操作　具体操作视仪器型号而定。一般分为以下几个步骤：放入样品；锁场；匀场；建立新的数据集；设定接收机增益；设置采样次数；采样；相位校正；基线校正；化学位移定标；谱峰积分；打印谱图；取出样品。

3. 分析图谱　图 51-4 和图 51-5 是通过 ChemDraw 软件对苯甲酸乙酯模拟生成的 ^{1}H-NMR 和 ^{13}C-NMR 图谱。实际谱图可与模拟谱图进行对比并确定各峰的归属。

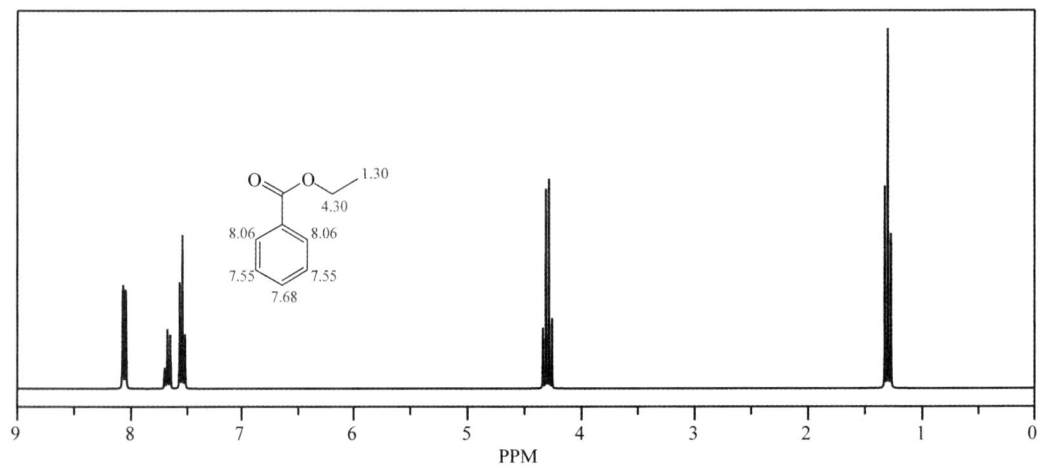

图 51-4　模拟苯甲酸乙酯的 ^{1}H-NMR

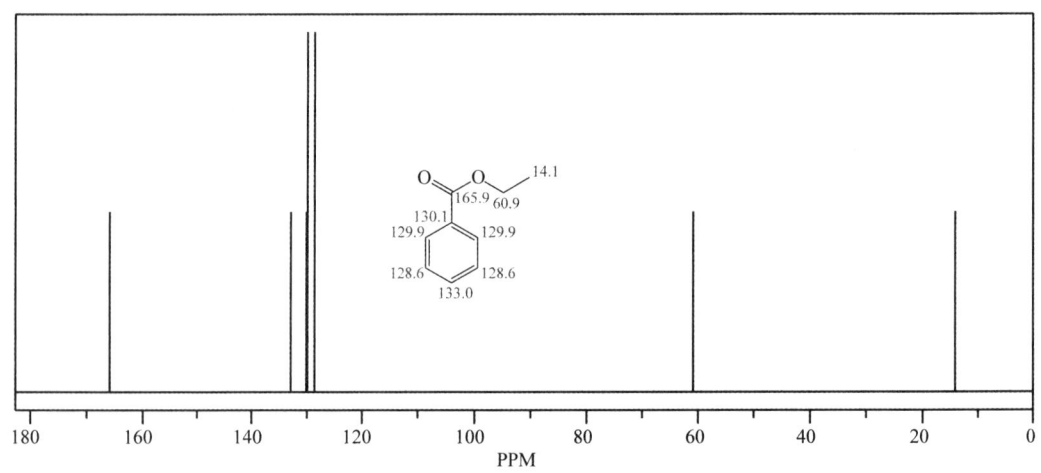

图 51-5　模拟苯甲酸乙酯的 ^{13}C-NMR

【实验结果和数据处理】

1. 确定苯甲酸乙酯氢谱中各峰的归属并计算耦合常数。
2. 确定苯甲酸乙酯碳谱中各峰的归属。

（锦州医科大学　王冠男）

参 考 文 献

北京大学化学学院有机化学研究所. 2002. 有机化学实验. 2版. 北京：北京大学出版社
北京大学化学与分子工程学院分析化学教学组. 2010. 基础分析化学实验. 3版. 北京：北京大学出版社
范星河，李国宝. 2009. 综合化学实验. 北京：北京大学出版社
贾云宏. 2009. 有机化学. 2版. 北京：科学出版社
兰州大学，复旦大学. 1994. 有机化学实验. 2版. 北京：高等教育出版社
倪沛州. 2010. 有机化学. 6版. 北京：人民卫生出版社
魏祖期. 2008. 基础化学. 7版. 北京：人民卫生出版社
武汉大学化学与分子科学学院实验中心. 2002. 无机化学实验. 武汉：武汉大学出版社
曾昭琼. 2000. 有机化学实验. 3版. 北京：高等教育出版社
张天蓝. 2007. 无机化学. 5版. 北京：人民卫生出版社
朱玲. 2005. 无机化学实验. 北京：高等教育出版社